Kontakt, Einfühlung und Attraktion

Zur Entwicklung von Paarbeziehungen

Von

Hanns Wienold

Mit einem Vorwort von

Theodor Harder

14 Abbildungen

1·9·7·2

Ferdinand Enke Verlag Stuttgart

Dr. Hanns Wienold

Fakultät für Soziologie der Universität Bielefeld

ISBN 3 432 01795 2

Druck: Offsetdruckerei Karl Grammlich KG, Pliezhausen

Die Liebe dauert oder dauert nicht
an dem oder jenem Ort

(dreigroschenoper)

Vorwort

Diese Arbeit ist eine methodologische Demonstration. Sie zeigt wie Theoriebildung möglich ist, ja, wie sie sich vollziehen sollte: aus zahlreichen empirischen Befunden werden solche Elemente herausgefiltert, die als bestätigte Ergebnisse zu Aussagen verknüpfbar sind, die in sich ein vorläufiges System von Hypothesen bilden können. Die Theorie ist das Ziel, nicht der Ausgangspunkt der Arbeit. Die vielen Einzelexperimente werden so behandelt als gehörten sie zu einem umfassenden Forschungsprogramm, wobei die Brauchbarkeit der Einzelergebnisse von ihrer methodischen und systematischen Beurteilung abhängig gemacht wird.

Es wäre natürlich einfacher, wenn man in der Soziologie eine ganze Theorie auf einmal überprüfen könnte, etwa, indem man sich auf ein experimentum crucis einigte. Aber wo soll eine "ganze" Theorie herkommen, die Aussicht hat, im ganzen der Prüfung standzuhalten?

Selbst bei einem so hochspezialisierten Thema, das nur einige Phasen im Prozeß der Dyadenbildung gilt, ist ein Test im ganzen unmöglich, schon deshalb, weil eine Theorie fehlt. Die Synthese der Einzelforschung in dieser Arbeit führt allerdings zu einem System von axiomähnlichen Aussagen, die theoretisch fruchtbar sind, indem sie die Dyade überschreitende Fragestellungen hervorbringen und bestimmte Modellentwicklungen nahelegen.

Wissen und "Theoretisieren" über "Liebe" kann als Quellen eigene und fremde Lebenserfahrung, historische und belletristische Literatur, Phantasien und Träume und schließlich Experimente und andere Untersuchungen sowie theoretische Destillate davon heranziehen. Die Unfruchtbarkeit terminologischer Explikationen braucht hierbei nicht betont zu werden. Aber auch das assoziative oder abstraktionspoetische "Denken" und Schreiben über Affektivität, Liebe, Vertrauen und vieles andere gibt sich zuvor origineller als es gemessen an mancher Poesie ist, bedeutet aber kaum einen theoretischen Fortschritt, wenn es empirische Ergebnisse entweder ignoriert oder rein ornamental verwendet.

Die hier vorgelegte Bemühung vermeidet um theoretischer Erkenntnis willen alle spekulativen Quellen und existentiellen Bezüge, die sich in der Gestalt von "Laientheorien" bei diesem Thema besonders aufdringlich einstellen. Das Prinzip der Laientheorie wird auch nicht etwa kritisiert, sondern – viel schlimmer – in der Fassung von Sarbin, Taft und Bailey zu Beginn des III. Kapitels explizit beschrieben und dann zum Gegenstand der Analyse gemacht: als kognitives Schema der im dyadischen Prozeß Befangenen.

Angesichts der psychoanalytischen und sexualpolitischen Literaturgattungen könnte mancher Leser in Abwandlung eines Verses von Kästner fragen: wo bleibt bei einem solchen Thema eigentlich das Negative? Konflikte, Entfremdungen und Schwächung des Lebenswillens als Begleiter oder Kernprozeß der "Befreundung" werden nicht behandelt. Nur am Ende des V. Kapitels werden mangelnde Selbstwertgefühle als Barrieren gegen attraktionsfördernde Kommunikation erwähnt. Das Problem klingt im VII. Kapitel wieder an. Dahinter steckt die bewußte Ausklammerung der Analyse aller Dispositionsbegriffe, also der Intentionalität, was natürlich zu Schwierigkeiten im spieltheoretischen, vorletzten Kapitel führt. "Liebeserklärung" und "Liebesbeweis" gehören als laientheoretische Terme ins Zentrum der strategischen Analyse der Spieler. Die Unmöglichkeit totaler Empathie entspricht der totaler Transparenz in der Markttheorie und führt zu Äquivokationen, kommunikativen Indeterminierheiten und zu Lagen wie beim bilateralen Monopol, wo eine besondere Strategie des "ersten Schritts" entwickelt werden muß. Wenn das proprium der "Liebe" lediglich normativ tabuiert wäre, könnte es als Gegenstand kognitiver Prozesse vielleicht vernachlässigt werden, aber auch bei völliger Enttabuierung kann es strategische (rationale) Gründe geben, sich nicht zu "verraten". Beide Teile der Dyade "erklären sich" nicht, und trotzdem entsteht Attraktion. Sie wird eine unerträgliche Tatsache erst dadurch, daß man sie artikuliert.

Der Autor zitiert Wallers Ausbeutungshypothese im VII. Kapitel, wonach ein rationaler Grund zur Geheimhaltung eigener Interesse auf Furcht vor Ausbeutung durch den anderen Partner beruht. Genau dies inhibiert aber die Initiation der Beziehung. Es ist nicht unwichtig, daß – wie Wienold bemerkt – hierzu kaum empirische Arbeiten vorliegen. Mit der Einbeziehung der Laing'schen Ansätze zur Erfassung interpersoneller Wahrnehmung und der ausführlichen Darstellung der experimentellen Spiele und ihrer Resultate ist aber auch die Grenze dessen, was man ohne reine Vermutungen sagen kann, vorläufig erreicht.

Daß der Text mit großer Akribie alle die einschlägigen Fakten enthält, ohne unter technischen Einzelheiten zu leiden, entspricht dem besonderen Geschick des Verfassers. Einige scheinbar unverhältnismäßig triviale empirische Befunde sollten nicht zum ungenauen Lesen verführen. Es geht einem bei der Beschäftigung mit dieser Arbeit wie mit dem "wohltemperierten Klavier": je mehr man sich darauf einläßt, desto mehr findet man. Dabei steigert sich das Buch zum Schluß hin: das unbrauchbarste Werkzeug sind offensichtlich die Balance-Theorien (Kap. II), die Kontaktchancen-Modelle bieten einen ersten Höhepunkt (Kap. IV), (wobei der Leser ruhig versuchen soll, diesen sehr interessanten Formalisierungsansatz durch Nachrechnen nachzuvollziehen), schließlich erreicht man mit dem oben meistzitierten Kap. VII alle die faszinierenden Probleme, die im Namen der doppelten (!) Positivität ausgespart und zwischen die Zeilen verbannt, wenn auch nicht geleugnet werden.

Die gesamte Pathologie dyadischer Kommunikation wird peripher, und der Leser fragt sich, ob alle "Leiden der Liebenden" nur gespielt oder eingebilet waren, und wenn schon, ob das etwa kein soziologischer Gegenstand wäre.

Wienold sagt selbst, warum "Sexualität" und auch "Ehe" in den Grenzen, die er abgesteckt hat, zum Thema kaum etwas beitragen. Seine Hoffnung, die angegebenen Modelle könnten – weiterentwickelt – über Dyaden hinaus auf Gruppenprozesse erweitert werden, wird aber wohl nur in Erfüllung gehen, wenn Institutionen und ihre Veränderbarkeit mit in die weiterführende Theorie einbezogen werden.

Bielefeld Prof. Dr. Theodor Harder

Inhaltsverzeichnis

I Vorbemerkungen

Die vorliegende Arbeit wurde unter der Zielsetzung begonnen, empirische Befunde zum Thema "Liebe" zusammenzustellen, eine Übersicht über Theorien, einzelne Hypothesen und begründete Vermutungen zu geben, die in der soziologischen, sozialpsychologischen und in Randgebieten der psychologischen Forschung anzutreffen sind. Vermutungen über Vielfalt und Qualität der vorhandenen Forschung waren zu Beginn unserer Tätigkeit nur unpräzis ausgebildet. Unser anfängliches Interesse unfaßte daher psychoanalytische Studien, interkulturelle Vergleiche von Heiratssystemen, Voraussagestudien über eheliche Anpassung, Untersuchungen zum "Dating"-Verhalten von Jugendlichen und zum vorehelichen Geschlechtsverkehr, Forschungen zur interpersonalen Wahrnehmung und Attraktion, Analysen zum Komplex der "Romantischen Liebe" und anderes mehr. Eine einigermaßen kohärente Darstellung dieser unterschiedlichen Forschungsansätze und Forschungsinteressen schien jedoch nicht möglich und von einem einzelnen Forscher auch nicht zu leisten. Auch sollte das Ergebnis unseres relativ unstrukturierten Vorhabens mehr sein als eine Zusammenstellung heterogener Dinge zwischen zwei Einbanddeckeln. Gestützt auf eine weit streuende, jedoch wenig systematische Lektüre mußten wir daher eine Eingrenzung des Themenbereichs vornehmen.

Da diese Arbeit als "empirisches" Teilstück eines größeren Publikationsvorhabens über "Liebe" in Zusammenarbeit mit *N. Luhmann* und *O. Rammstedt* geplant wurde, konnten die notwendigen Einschränkungen leichteren Herzens durchgeführt werden. So konnten wissenssoziologische und begriffs - und ideengeschichtliche Erörterungen über "Liebe" wie auch Überlegungen zu den Konsequenzen dieser Qualität interpersonalen Verhaltens für größere soziale Gebilde "oberhalb" der dyadischen Gruppe ausgespart werden.

Dies ermöglichte eine nähere Festlegung unseres Arbeitsbereiches auf den *Prozeß der Entwicklung "intimerer" dyadischer Beziehungen.* Es sollten also solche empirische Forschungen gesichtet und zusammengestellt werden, deren Untersuchungsgegenstände Teilaspekte eines solchen, noch nicht näher umschriebenen Prozesses darstellen könnten. Ziel der Zusammenstellung sollte sein, aus den vielfältigen Forschungen generalisierende Sätze zu gewinnen, die, miteinander verknüpft, bestimmte Verlaufsformen der Entwicklung von Dyaden beschreiben und erklären können.

Der Prozeß, den wir analysieren wollten, sollte dadurch charakterisiert sein, daß er zu "Ergebnissen" führt, die umgangssprachlich mit Bezeichnungen wie Liebe, Freundschaft, Zuneigung, Intimität belegt werden können. Ausgeschieden wurden damit Untersuchungen von dyadischen Interaktionen, die grob mit dem Begriff "Rollenhandeln" charakterisiert werden können, also ein gewisses Maß vorgegebener Institutionalisierung und Erwartbarkeit aufweisen, wobei gewisse soziale Sterotypien, die auch im "intimen" Verhalten zweier Personen vorliegen können, nicht mitgerechnet wurden.

Über den Einfluß sozial vermittelter Vorstellungen über intimes Verhalten, etwa der "Romantischen Liebe", auf die Organisation der Interaktionen zweier Personen liegen nur wenige Materialien vor, deren Aussagekraft kaum durch interkulturell vergleichende Forschung gestützt wird. Die Feststellung der Einflüsse von kulturell variablen Interpretations- und Anleitungsmustern für dyadisches Verhalten, die etwa in den verschiedenartigen Bedeutungen von Liebeswörtern zum Ausdruck kommen, auf die Entwicklung dyadischer Beziehungen dürfte u.U. auch dann erst vorgenommen werden können, wenn ein *allgemeiner* Entwicklungsprozeß der Dyade beschrieben werden kann. Wenn man mit aller Vorsicht annimmt, daß ein sozialer Prozeß in den "künstlichen" Situationen experimenteller Forschung, die etwa dyadische Interaktionen von einer Reihe von sozialen Kontexten isoliert, "kulturell neutral" analysierbar ist, so könnte das Ergebnis dieser Arbeit die Skizze eines allgemeinen Entwicklungsprozesses sein, da ein großer Teil der im folgenden referierten Forschungen experimenteller Natur ist.

Gegen diese Auffassung experimenteller Forschung können jedoch eine Reihe von Bedenken geltend gemacht werden. Kulturelle Faktoren dürften bei der Auswahl von Forschungsproblemen, der Definition relevanter Variablen und Auswahl von Untersuchungsbedingungen, bei der Messung und der – verablen und statistischen – Interpretation von Meßergebnissen eine solche Rolle spielen, daß eine Neutralität gegenüber kulturellen Kontexten für viele Forschungsergebnisse eine Fiktion sein dürfte, die jedoch auf Grund der Vertrautheit der Forscher mit Teilen ihrer Umwelt zum Teil von unauffälliger Natur sein kann. Die experimentelle Methode sichert ein relativ großes Maß interner Validität, sie kann die Konfundierung verschiedener Einflüsse verhindern, läßt Angaben über die relative Einflußstärke von Faktoren auf die abhängigen Variablen zu, kann "unerwünschte" Einflüsse durch Randomisierung ausschalten. Demgegenüber bleibt die externe Validität experimenteller Ergebnisse zumeist eine Frage mehr oder weniger riskanter Vermutung. Die experimentelle Untersuchung selbst gibt zumeist wenig Anhaltspunkte, ob die gewählten unabhängigen Variablen auch außerhalb des Laboratoriums die beobachteten Effekte produzieren. Für die praktische und theoretische Relevanz der Beobachtungen dürft noch viel entscheidender sein, inwieweit die ausgewählten Variablen reale Wirkungskomplexe vollständig repräsentieren, inwieweit ihnen auch außerhalb des Laboratoriums unter einer Vielfalt von Faktoren dominante Bedeutung zukommt oder ob sich mit ihnen nur unter sehr restriktiven Bedingungen bestimmte Effekte erzielen lassen. Um diesen Überlegungen Rechnung zu tragen, haben wir versucht, so weit wie möglich experimentellen Untersuchungen Feldforschungen an die Seite zu stellen. Wenn wir im Verlauf unserer Arbeit versuchen, die Ergebnisse experimenteller und nicht-experimenteller Forschung zur Skizze dyadischer Entwicklung zu verbinden, so sind wir uns bewußt, daß es in keiner Weise ausgemacht ist, inwieweit wir allgemeine oder partikuläre Elemente eines solchen Prozesses in den Griff bekommen haben, inwieweit nicht unter dem Blickwinkel empirisch-experimenteller Forschung wichtige Aspekte dyadischer Beziehungen ausgeblendet bleiben. Bei der Verknüpfung verschiedener Ergebnisse kommt uns eine Schwäche experimenteller Sozialpsychologie, ihre theoretische Desintegration scheinbar zugute. Da die Atomisierung sozialer Situationen von dieser Seite nicht aufgefangen wird, scheinen einzelne Ergebnisse z.T. beliebig verwendbar zu sein. Von dieser Möglichkeit machen einige soziologische Theoretiker auch reichlich Gebrauch. Wie sich jedoch verschiedene Ergebnisse in verschiedenen gemeinsamen Kontexten zueinander verhalten, bleibt Vermutung. Die "Härte" bestimmter in dieser Arbeit referierter Ergebnisse kann sich nach diesen Überlegungen auch als Schwäche, die empirisch fundierte Skizze eines Prozesses als Spekulation auf künstlichem Boden erweisen.

Die allgemeine Orientierung unserer Arbeit und die Art und Weise experimenteller sozialwissenschaftlicher Forschung dürften es mit sich bringen, daß die von uns analysierten Verhaltensweisen und interpersonalen Situationen nicht ohne den Protest aller, die sich eingeweiht fühlen, unter den Begriff "Liebe" subsumiert werden können. "Liebe" oder "Liebesbeziehung" gehören zu den Begriffen, die zunächst nicht Instrumente wissenschaftlicher Analysen sind, sondern dem Objektbereich sozialwissenschaftlicher Untersuchungen angehören. Sie sind Bestandteile von "Laientheorien", die, nicht unähnlich wissenschaftlichen Theorien, Erklärungen und Prognosen über soziales Handeln für ihre Produzenten bereitstellen. Sie beruhen zum großen Teil auf tradierten Vorstellungen, internalisierten Normen, sozial vorgegebenen Erwartungen, auch wissenschaftlichen Popularisierungen, die durch Erfahrungen aus erster oder zweiter Hand erhärtet oder u.U. auch korrigiert werden. Es besteht Grund zu der Vermutung, daß auch Wissenschaften, die zum Teil nur unzureichend mit Ergebnissen empirischer Forschung versorgt sind, über ihre Gegenstandsbereiche Laientheorien konstruieren, die nicht durch systematische Erfahrung sondern den Konsens mit gängigen Meinungen gesteuert werden, für die die Erfahrungen Einzelner oder Vieler nicht unabhängige Prüfungsinstanz sein können. Kündigt man unter diesen Umständen eine Untersuchung zum Thema "Liebe" an, so wird diese leicht an den Feststellungen verbreiteter Laientheorien gemessen werden, die dem Bedürfnis des Lesers nach Bestätigung seiner eigenen Theorie wie nach lebensnaher Tiefe besser zu entsprechen vermögen, als es eine Synthese empirischer Forschungen vermag.

Wir wollen annehmen, es gelänge, die umgangssprachlich beschreibbare Größe "Liebe" in eine meßbare Variable zu überführen, sei es als Intensität von "inneren Zuständen", sei es als Stärke einer "Disposition" zu bestimmten Verhaltensweisen, die etwa durch Wahrscheinlichkeiten von Reaktionen auf spezifische Stimuli angegeben werden könnte, sei es als Größe, die an der Dyade direkt oder in Aggregatform erhoben werden könnte. Wir wollen weiter annehmen, daß sich dieser Variable Beobachtungen zuordnen lassen, die umgangssprachlich mit "Freundschaft", "Zuneigung" etc. bezeichnet werden. Die Variable könnte dann als ein – manifestes oder latentes – Kontinuum angesehen werden, das je nach Lage der Individuen auf ihm bestimmte Realisationen einer zu definierenden Verhaltensmenge in unterschiedlichem Maße wahrscheinlich macht. Diese – hypothetische – Variable wollen wir "*Attraktion*" nennen. Sie ist eine der Zielgrößen der vorliegenden Arbeit. Sie kann hier nur in der genannten unpräzisen Form bestimmt werden, um uns nicht die Möglichkeit zu nehmen, die verschiedenen Forschungen, in denen unterschiedliche Messungen von "Attraktion" verwendet werden, zu kumulieren oder zu verknüpfen. Die vorkommenden Messungen können nach Lage der Dinge nur hypothetisch als Messungen von Attraktion aufgefaßt werden. Sie bestehen etwa aus soziometrischen Fragen wie "Würden Sie gern mit X in einem Zimmer wohnen; zum Camping fahren? ", "Mit wem würden Sie am liebsten das Problem Y diskutieren? " oder "Mögen Sie X, Y, Z? ", "Zu wem fühlen Sie sich aus dieser Gruppe hingezogen? ". Da keine der vorhandenen Messungen verbindlich als Maß für Attraktion angesehen werden kann und keine empirische Indikatoren-Theorie zu den Messungen vorliegt, die Auskünfte über Zusammenhänge und Ersetzbarkeiten in einer hypothetischen Indikatoren-Menge liefern könnte, dürfte der Weg zur Synthese abgeschlossener Forschungen kaum anders gefunden werden als durch Konstruktion eines Modells auf der Grundlage der vorhandenen Forschung, dessen Veränderliche nicht oder nur unpräzis definiert sind, das sich mit Hilfe der empirisch gefunden Beziehungen zwischen Meßergebnissen unterschiedlicher Art interpretieren läßt. Dabei können die Anforderungen an deduktive Stringenz nicht allzu hoch geschraubt werden. Ist ein solches Modell erstellt, könnte es – nachträglich – in einheitlicher Form in Messungen überführt und getestet werden.

Ist die gedankliche Konstruktion der Variable "Attraktion" akzeptierbar, so könnten Indikatoren der genannten Art offene oder geschlossene Ausschnitte des Kontinuums bezeichnen oder, wenn sie dichotom angelegt sind, Punkte auf ihm markieren. Die Beziehungen zwischen Attraktion und anderen Größen dyadischer Beziehungen, für die zum Teil gleichfalls die eben diskutierten Probleme anstehen, werden in der Forschungsliteratur in der Regel in der Form formuliert "Je höher X, desto höher Y" oder "Je häufiger Z, desto häufiger W". Da nun die Kontinua selbst nicht skaliert sind und es keine Informationen über die Lage der Indikatoren auf den Kontinua und damit zueinander gibt, kann eine Kumulation solcher Ergebnisse nur dann zu Verallgemeinerungen führen, wenn die Beziehungen als linear gelten dürfen. Dafür finden sich zum Teil Hinweise. Diese Linearitätsannahme ist auch bei dem ordinalen Niveau der Meßergebnisse erforderlich, mit dem wir es in den meisten Fällen zu tun haben.

Bei der Synthese verschiedener Forschungsergebnisse werden wir nicht danach unterscheiden, ob diese an gleich- oder gemischtgeschlechtlichen Dyaden gewonnen worden sind. Variable wie "sexueller Reiz" oder "sexuelle Befriedigung" haben wir aus mehreren Gründen nicht in die Erörterungen einbezogen: Erstens dürften sexuelle Bedürfnisse eher einen universellen als einen spezifischen Faktor in der Entwicklung von Dyaden darstellen, der wenig zur Erklärung bestimmter Paarbildungen beiträgt, wenn man die geschlechtliche Zusammensetzung der Dyade außer acht läßt (vgl. S.55ff). Zweitens dürfte der Austausch sexueller Befriedigungen in der Dyade ähnlichen Bedingungen unterliegen wie die Vermittlung anderer Befriedigungen. Zwar mag die Fähigkeit oder Unfähigkeit, sexuelle Befriedigung zu geben oder zu empfangen, ausschlaggebend für das "Schicksal" einer einzelnen Dyade sein, doch erfordert die Erörterung dieses Aspekts ein Eingehen auf individualpsychologische Tatbestände und Probleme der Lebensgeschichten unter verschiedenen Familien- und Erziehungsbedingungen, das nicht unter anderem erledigt werden kann (vgl. dazu den Sammelband von *De Martino* 1963[1]). Wir können hier nur auf die einschlägige umfangreiche Literatur verweisen, darunter besonders auf die empirischen Untersuchungen von *Ira L. Reiss* 1960; 1967.

Wir sind in dieser Arbeit an einer Darstellung von Prozessen interessiert, die allein oder im Zusammenhang engere dyadische Beziehungen *erzeugen*. Zu diesen Prozessen können u.a. Balance- und Wahrnehmungsvorgänge (vgl. Kap.2 und 3) oder die Herstellung von Kontakten (vgl. Kap.4) gezählt werden. Aus diesem Grunde gehen wir nur am Rande auf *bestimmte Formen* dyadischer Beziehungen wie etwa Ehe und Verlobungsverhältnisse ein. Unter unserer Zielsetzung ist es nicht primär interessant, ob eine Beziehung sich in Form einer Ehe "stabilisiert" oder nicht. Eine Berücksichtigung solcher kultureller Konventionen würde u.a. wieder zu einer Differenzierung nach der geschlechtlichen Zusammensetzung der Dyaden führen, die im theoretischen Vorstadium nicht sinnvoll erscheint, da zunächst anzunehmen ist, daß die erzeugenden Prozesse für alle dyadischen Kombinationen gelten dürften. Hiervon bleibt die Brauchbarkeit des Ereignisses "Eheschließung" als Zielgröße in prognostischen empirischen Studien unberührt.

Auf einen weiteren möglicherweise wichtigen Aspekt der Entwicklung dyadischer Attraktion, den Gruppenkontexten von Dyaden, kann in dieser Arbeit nur sporadisch eingegangen werden, da hierzu nur sehr wenige empirische Forschungen vorliegen. Es existieren Untersuchungen zum Verhalten von Individuen in Gruppen, zur Entstehung und Veränderung von Gruppen-

---

1) Genaue bibliographische Angaben finden sich im Literaturverzeichnis.

strukturen, zur Leistungsfähigkeit von Gruppen, zum Gruppenzusammenhalt, zur dyadischen Interaktion. Doch finden sich kaum Untersuchungen, die Gruppenkontext *und* dyadische Beziehungen systematisch variieren. Das mag vor allem an methodischen Schwierigkeiten bei der Herstellung eines entsprechenden experimentellen Designs liegen, stellt jedoch nicht nur für diese Arbeit eine Forschungslücke dar, deren Schließung wünschenswert wäre[2]

Trotz der von uns vorgenommenen Beschränkungen des Untersuchungsfeldes hat sich in den letzten zwanzig Jahren eine kaum überschaubare Menge von mehr oder minder großen, mehr oder minder relevanten Untersuchungen angesammelt, von der in dieser Arbeit nur ein Ausschnitt genannt wird. Bei dieser Materialfülle scheint es uns nicht möglich, die Untersuchungsanordnung und methodische Verarbeitung der Daten jeder Studie im Detail darzubieten und zu kritisieren. Wir haben deshalb methodisch schwache Arbeiten, soweit wir dies beurteilen können, aus der Übersicht ausgeschlossen, was nicht bedeutet, daß alle nicht erwähnten Untersuchungen schwach oder alle erwähnten stark sind.

Wir wollen unsere Erörterung der verschiedenen inter- und intrapersonalen Prozesse in der Entwicklung dyadischer Attraktion mit der Darstellung einer allgemeinen, empirisch vielfach untersuchten Theorie, der Theorie struktureller Balancen beginnen, die sowohl auf Vorgänge in einer Person in bezug auf eine oder mehrere andere Personen oder sonstige kognitive Elemente wie auf Vorgänge zwischen Personen Anwendung finden kann. Da die Balance-Theorie nicht einen speziellen Prozeß zum Gegenstand hat, sondern als allgemeine Theorie intra- und interpersonaler Zustandsveränderung angesehen werden kann und somit Relevanz für eine Reihe von Teilprozessen dyadischer Attraktion besitzt, soll sie spezielleren Erörterungen vorangestellt werden.

---

2) Wenn man so will, muß sich unsere Arbeit also weitgehend auf das "innere System" der Dyade beschränken (vgl. *Homans* 1960, S.124).

II Balance und Positivität

Die Theorie struktureller Balancen ist in ihren Grundzügen von *Heider* (1946; 1958) und *Newcomb* (1953) entwickelt worden. Eine größere empirische Untersuchung von *Newcomb* (1961) zur strukturellen Balance ist in wesentlichen Teilen auch in einer Reihe von Aufsätzen veröffentlicht worden, in denen auch die Grundgedanken der Theorie vorgestellt werden (*Newcomb* 1956; 1958; 1960; 1963). Gegenstände der Theorie sind Beziehungskonstellationen, die zwischen Objekten der Wahrnehmung, zwischen interagierenden Personen oder zwischen Personen und Wahrnehmungs- oder Orientierungsobjekten bestehen. Die Theorie beschreibt und erklärt also Beziehungskonstellationen oder Strukturen sowohl in intra- wie in interpersonalen Bereichen, sie wird von einigen Autoren jedoch vornehmlich zur Behandlung kognitiver Strukturen in Anspruch genommen, so z.B. bei der Erklärung von Einstellungswandel. Auf eine Reihe anderer Theorien kognitiver Prozesse, u.a. die Theorie kognitiver Dissonanzen, werden wir im Laufe der Arbeit an geeigneter Stelle eingehen, soweit sie über die Theorie struktureller Balance hinausgehen und einen Beitrag zum Thema erbringen.

Heider unterteilt die Beziehungen oder Relationen, die zwischen Personen oder Personen und Objekten bestehen können, in L-Relationen (liking-relation) und U-Relationen (unit-relation). L-Relationen umfassen Gefühle und Einstellungen, zu den U-Relationen gehören Beziehungen wie Ähnlichkeit, Nähe, Mitgliedschaft, Besitz, Verursachung. Die genannten Relationen können negativ oder positiv sein. Unklar bleibt bei Beiden, welcher Unterschied zwischen bestimmten Arten negativer U-Relationen und dem Nichtvorhandensein einer Relation besteht (vgl. S.15). Zwischen zwei Elementen (Personen, Objekte) können mehrere Relationen gleicher oder verschiedener Art bestehen, etwa Bewunderung und Zuneigung wie räumliche Nähe. Durch die Relationen werden die Elemente zu einer Struktur verbunden, die in der Wahrnehmung einer Person wie in der – vom Forscher wahrgenommenen – Beziehung zwischen zwei oder mehreren Personen bestehen kann. Eine Struktur ist balanciert, wenn die Relationen zwischen den Elementen der Struktur in einem bestimmten Verhältnis stehen. Dieses Verhältnis kann sich auf die Relationen zwischen zwei Elementen wie zwischen mehreren Elementen beziehen. Die Beziehung zwischen zwei Elementen ist balanciert, wenn die Relationen homogen sind, d.h. entweder alle positiv oder alle negativ sind. Nicht balanciert ist etwa eine Struktur mit zwei Elementen, wenn von zwei Personen die eine Person die andere liebt und verachtet, wenn die eine Person die andere liebt, von der anderen Person jedoch abgestoßen wird, wenn zwei Personen sich lieben, jedoch unähnlich in ihren

Einstellungen sind. Eine triadische Struktur ist balanciert, wenn etwa zwischen allen Elementen positive L- oder U-Relationen bestehen, wenn zwischen zwei Elementen eine positive Relation, zum dritten jedoch negative Relationen bestehen. Nicht balanciert soll eine Struktur mit drei Elementen dann sein, wenn von den drei Relationen nur eine negativ ist oder wenn alle drei Relationen negativ sind. Den letzten Fall bezeichnet *Heider* (1958, S.203) allerdings als mehrdeutig. Das Struktur- oder Gestaltprinzip, das diesen Fällen zugrunde liegt, kann grob so formuliert werden: In der Sicht eines bestimmten Individuums bestehen zwischen Elementen gleicher "dynamischer Qualität" (*Heider)* positive Beziehungen, die sie einander zuordnen, zwischen Elementen verschiedenen dynamischen Charakters negative Beziehungen, die sie voneinander separieren (*Heider* 1946, S.107). Nach *Heider* tendieren Individuen dazu, die Elemente ihres "Lebensraums" "harmonisch" zu ordnen, zu balancierten Strukturen zu gelangen. Inbalancierte Strukturen erzeugen "Spannung" (tension), die zur Balancierung der Struktur drängt. Es ist nicht eindeutig, ob hiermit allein eine kognitive Motivation angesprochen wird. Die Theorie impliziert etwa, daß positive Relationen zwischen zwei Personen zur Einstellungsähnlichkeit zwischen ihnen führt und umgekehrt.

"With similar attitudes proximity will increase the degree of positive sentiment; with slight dissimilarity of attitudes a mutual assimilation might be produced, and with it an increase in friendliness; with strong dissimilarities the hostility will be increased" (*Heider* 1958, S.190).

Newcombs "systems of orientation" (A-B-X-Systeme) können als Sonderfälle der von *Heider* behandelten Strukturen aufgefaßt werden. Die Systeme bestehen aus einer Person A, ihrer Orientierung gegenüber einem Interaktions- und Kommunikationspartner B, ihrer Orientierung gegenüber einem Objekt der Kommunikation X und der wahrgenommenen Orientierung von B zu X und B zu A. Orientierungen gegenüber Personen werden von *Newcomb* "Attraktionen", gegenüber Objekten "Einstellungen" genannt. Die Einstellungobjekte werden nach ihrer "Wichtigkeit" (importance), die sich in der Einstellungsintensität niederschlägt, und nach ihrer "Relevanz" für die Interaktion der beiden Personen eingestuft. Balance der A-B-X-Struktur besteht ähnlich wie bei *Heider* dann, wenn die Orientierungen der beiden Personen aufeinander übereinstimmen und die Einstellungen zu X bei positiven Attraktionen sich ähnlich sind, bzw. bei negativen Attraktionen differieren. Da ein Orientierungssystem in bezug auf die Wahrnehmungen eines Individuums definiert sind, besteht vollständige Balance erst dann, wenn die Orientierungssysteme beider Personen übereinstimmen. *Newcomb* unterscheidet zwischen der Balance individueller und kollektiver Orientierungssysteme (vgl. *Newcomb* 1961, S.9ff). Der Grad der Inbalance und der damit verbundenen Spannung, die zur Balancierung drängt, hängt nach *Newcomb* von vier Größen des Systems ab:

1) " Vorzeichen" und Stärke der Attraktionen, 2) Stärke der Einstellungsunterschiede, 3) Wichtigkeit von X, 4) Relevanz von X. Divergieren z.B. die Einstellungen gegenüber X, so sind die Spannungen um so größer, je stärker die Attraktionen sind, je wichtiger oder relevanter X ist. Abbau der Spannungen im System geschieht entweder durch Kommunikation zwischen den Beteiligten oder durch autistische Veränderung. Balance kann dabei je nach Situation auf verschiedene Weise erreicht werden. Nach *Newcomb* sind etwa folgende Größen im Balance-Vorgang veränderbar: Attraktion, Wichtigkeit, Relevanz, wahrgenommene Relevanz und Wichtigkeit von X für die andere Person, die kognitive Struktur der eigenen Einstellungen gegenüber X, die Wahrnehmung der kognitiven Struktur der Einstellungen des Anderen gegenüber X.

Nach *Newcomb* und *Heider* tendieren Individuen dazu, durch Entwicklung und Veränderung von Einstellungen und Attraktionen oder durch Verzerrung von Wahrnehmungen intra- und interpersonale Strukturen zu balancieren. Obwohl Balance einen gewissen Zustand des Ausgleichs beschreibt, der belohnend für die Individuen zu sein scheint, darf unserer Auffassung nach der Terminus "Balance" oder "balancierter Zustand" nicht mit dem etwa in der Ökonomie geläufigen Begriff des "Gleichgewichts" identifiziert werden. Während der Begriff "Gleichgewicht" einen Systemzustand beschreiben soll, in dem die Veränderung einer Größe eine Veränderung anderer Größen so hervorruft, daß das System zum Ausgangspunkt zurückkehrt (vgl. etwa auch *Homans* 1960, S.288ff.), und damit allgemein als Bezeichnung für den Endzustand eines Anpassungsprozesses dienen kann, ist die "strukturelle Balance" durch eine bestimmte Konstellation der Relationen zwischen Elementen einer Struktur ausgezeichnet, wobei nicht von vornherein entschieden ist, daß diese Konstellation den Endzustand einer Strukturveränderung darstellt. Zwar tendieren der Theorie nach alle nichtbalancierten Zustände zur Balance, doch finden sich durchaus Situationen, in denen Individuen nicht-balancierte Strukturen "ertragen" können. Zudem sind Bedingungen denkbar, unter denen die Balancierung einer Struktur ausgeschlossen ist.

Der Übergang von nicht-balancierten zu balancierten Zuständen ist nicht als zwangsläufig anzusehen. Die Herstellung von Balancen durch gesteigerte Kommunikation oder durch Verzerrung von Wahrnehmungen könnte in bestimmten Fällen "kostenreicher" sein als die Aufrechterhaltung von nicht-balancierten Strukturen. Daß solche Kostenüberlegungen Balancevorgängen nicht inadäquat sind, läßt sich direkt oder indirekt einigen Untersuchungen entnehmen. So stellt etwa *Ofshe* fest, daß der Konsensus zwischen Ehepartnern über die konnotativen Bedeutungen verschiedener Symbole mit der Länge der Ehejahre wächst, eine tatsächliche Anpassung sich jedoch nur bei Symbolen mit hoher Relevanz für die ehelichen Interaktionen vollzieht, während der Konsensus bei Symbolen geringerer Relevanz eher durch Verzerrungen in der gegenseitigen Wahrnehmung zustande kommt. Bei diesen Symbolen tritt an die Stelle einer zur Balance führenden Einstellungsänderung bei einem der Partner die – "unrichtige" – Wahrnehmung einer Änderung beim Partner, die ebenfalls intrapersonal zur Balance führt (*Ofshe* 1970). Wenn sich zeigen ließe, daß Wahrnehmungsverzerrungen unter angebbaren Bedingungen ein weniger "aufwendiges" Verfahren zur Herstellung von Balancen darstellen als Einstellungsänderungen, so ließen sich die Ergebnisse von *Ofshe* so verallgemeinern, daß aufwendigere Verfahren auf Balanceprobleme größerer Relevanz, weniger aufwendige Verfahren auf Probleme geringerer Relevanz angewandt werden. Deutlicher als die Untersuchungsergebnisse von *Ofshe* zeigt eine Arbeit von *Rosenberg* und *Abelson,* daß Strukturveränderungen unbalancierter Konstellationen nicht nur durch den Gewinn an Balance sondern auch von ihren Kosten her bestimmt sind. In dieser Studie hatten die untersuchten Personen im Rollenspiel nach Lösungen einer unbalancierten Stiuation zu suchen. *Rosenberg* und *Abelson* resümieren folgendermaßen:

" In resolving cognitive discrepancies . . . , subjects seek not only the attainment of cognitive balance and consistency but they seek also to alter their beliefs and evaluations in ways that will maximize expected gain and minimize expected loss; when both forces converge so that they may be gratified through the same change or changes a formally "balanced" outcome will be achieved; when these force diverge the typical outcome will not meet the requirements of a simple formal definition of cognitive balance" (*Rosenberg, Abelson* 1966, S.145).

Diese Einflußgrößen außerhalb des einfachen Balancemechanismus auf Veränderung oder Beibehaltung von Strukturen ließen sich sicherlich so formulieren, daß sie Platz in einem erweiterten Balancemechanismus finden könnten. So könnten möglicherweise die Relationen einer Struktur mit positiven oder negativen Gewichten versehen werden, die einen Nettobetrag einer Strukturänderung angebbar werden ließen, wenn es ein Verrechnungsverfahren über verschiedenartige Relationen gäbe. Auf Grund dieser Beträge wären dann mögliche mehr oder weniger balancierte Resultate einer Änderung zu prognostizieren. Als Gewichtungen von Relationen könnten etwa die Differenzen zwischen den positiven und negativen Bewertungen der durch sie verknüpften Elemente verwandt werden, wobei die "Vorzeichen" der Relationen zu berücksichtigen wären.

Die Bewertungen der Elemente lassen sich nicht aus der Balance-Theorie ableiten. Sie ergeben sich aus der Menge der Eindrücke, die das Individuum zu einem bestimmten Element erhält. Wie die Wertigkeiten der Einzeleindrücke zu einem Element im Individuum kombiniert werden, ist jedoch strittig. So kommen *Fishbein* und *Hunter* (1964) zu dem Schluß, daß die Bewertung eines Elements als eine Summation der Werte der Einzeleindrücke angesehen werden kann, während die Untersuchung von *N.H.Anderson*, der den Versuchspersonen systematisch Kombinationen hoher, mittlerer und niedriger Einzeleindrücke in Form von Adjektiven, die eine Person beschreiben sollen, präsentiert, eindeutig darauf hinzuweisen scheint, daß die resultierende Bewertung der Personen, einen Durchschnitt ihrer angegebenen Attribute darstellt (*Anderson* 1965). *L.R.Andersons* Befunde sind differenziert. Sie zeigen, daß möglicherweise Summierungs- und Durschnittsformeln unterschiedlichen Klassen von Eindrücken zuzuordnen sind (*Anderson* 1970). Für eine ausführlichere Darstellung dieser Aspekte der Eindrucksformierung verweisen wir auf *S.Rosenberg* 1968, S.186ff.

Möglichkeiten, Aussagen über die Veränderung der Bewertungen von Elementen zu gewinnen, wenn sie zueinander in Relation treten, bietet das "congruity model" von *Osgood* und *Tannenbaum* (1955). Dieses Modell hat Ähnlichkeit mit dem Balance-Modell, ist jedoch weniger allgemein, da es nur für eine Art von Relationen entwickelt wurde. Diese Relationen sind Wertschätzungen oder Bewertungen. Genießen zwei Objekte, A und B, bei einem Individuum Wertschätzungen in Höhe von a_1 und b_1 und werden diese Objekte durch eine Bewertung verbunden, die positiv oder negativ sein kann, so entsteht im Individuum ein "Druck zur Kongruenz", ähnlich wie im Balance-Modell ein Druck oder eine Tendenz zur Balance postuliert wird. Der Druck zur Veränderung der Wertschätzungen von A und B, P_A und P_B, kann nach *Osgood* und *Tannenbaum* wie folgt definiert werden:

bei positiver Bewertung

(1) $$P_{A1} = -P_{B1} = b_1 - a_1$$

bei negativer Bewertung

(2) $$P_{A1} = P_{B1} = -a_1 - b_1$$

Die Veränderung der Wertschätzungen soll dem jeweiligen Druck proportional sein. Dabei sollen sich polarisiertere Wertschätzungen, die entfernter vom Nullpunkt neutraler Einschätzung liegen, weniger ändern als geringer polarisierte Wertschätzungen. Diese beiden Anforderungen führen zu folgendem einfachen Kongruenz-Modell:

(3) $$\Delta a_1 = \frac{|b_1|}{|a_1| + |b_1|} \cdot P_{A1}$$

(4) $$\Delta b_1 = \frac{|a_1|}{|a_1| + |b_1|} \cdot P_{B1}$$

In (3) und (4) werden nur die absoluten Beträge von a_1 und b_1 betrachtet. Δa_1 und Δb_1 bezeichnen die Veränderungsraten, die von a_1 bzw. b_1 zu den Wertschätzungen a_2 bzw. b_2 führen. Der durch (3) und (4) beschriebene Änderungsprozeß enthält die sehr starke Prognose, daß nach Ablauf des Prozesses gilt:

(5) $a = b$, bei positiver Bewertung
(6) $a = -b$, bei negativer Bewertung.

Der Kongruenzvorgang soll also zu gleich starker positiver und negativer Wertschätzung der Objekte führen. Diese Hypothese wurde von *Osgood* und *Tannenbaum* durch zusätzliche Annahmen abgeschwächt. *Osgood* und *Tannenbaum* nehmen als Situation, auf die ihr Modell Anwendung finden könnte, Urteile von durch ein Individuum mehr oder minder hoch geschätzten Quellen (A), etwa "Präsident der USA", "New York Times", über Objekte (B), etwa "Kommunismus", "moderne Kunst". Ihr Modell dürfte jedoch auch auf andere Fälle anwendbar sein. In einer experimentellen Untersuchung konnte *Tannenbaum* (1956) Einstellungsänderungen erzeugen, die der Änderungsrichtung nach dem Modell entsprechen. Ebenso wie das Balance-Modell dürfte das Kongruenz-Modell jedoch darunter leiden, daß Variablen wie "Wertschätzung", "positive (negative) Bewertung", wie auch die "Objekte" nicht so eindeutig im Experiment repräsentiert werden können, daß die Ergebnisse zwingend für oder gegen das Modell sprechen könnten oder kumulierbar seien.

Wie immer nun auch die Bewertung von Elementen einer Sturktur oder die Gewichtung von Relationen zu denken ist, dürften sie es mit sich bringen, daß nicht alle Balancemöglichkeiten einer unbalancierten Struktur einander gleichwertig sind, daß nicht jede Balancemöglichkeit genutzt wird oder balancierte Strukturen frei von Stress sind, es sei denn, man erweiterte die Definition von Balance so, daß sie sich nicht mehr auf die Konstellationen von Relationen bezieht sondern etwa auf Stresslosigkeit. Das würde jedoch die Aufgabe der Balance-Theorie bedeuten. So ist der Äußerung von *Foa* mit Skepsis zu begegnen:

> "Once the system is balanced it does not return to a unbalanced state . . . The balanced state would operate something like a trap" (*Foa* 1958, S.333).

Foa schreibt balancierten Zuständen die Rolle von absorbierenden Zuständen in Markoffschen Prozessen zu[3]. Gewisse Berechtigung dieser Konzeption erbringt eine Untersuchung von *Burdick* und *Burnes*. Die Autoren stellen fest, daß Personen größeres Unbehagen empfinden, wenn eine balancierte Situation in eine unbalancierte umzuschlagen droht, als wenn sie in einer unbalancierten Situation stehen (*Burdick, Burnes* 1958). Vielleicht ließe sich hieraus schließen, daß die Tendenz, in balancierten Zuständen zu bleiben, stärker ist als die Tendenz, unbalancierte in balancierte zu verändern. Gegenüber *Foas* Ansicht zeigt sich hier jedoch nur, daß balancierte Zustände "stabiler" sind als unbalancierte.

---

3) Ebenso *Nahinsky* 1969.

Bei der Skizzierung der Balance-Theorien von *Newcomb* und *Heider* haben wir uns auf Strukturen mit drei Elementen beschränkt. Die Behandlung von Strukturen mit größerer Elementenzahl erfordert ein gewisses Maß an Formalisierung. Beispiel einer solchen Formalisierung stellt die "symbolic psycho-logic" von *Abelson* und *Rosenberg* (1958) dar. Diese "Logik" besteht aus einer Menge von Regeln, die sich auf die Verknüpfung kognitiver Elemente beziehen. Kognitive Elemente können durch vier Relationen verbunden sein: p (positiv), n (negativ), o (keine Beziehung), a (ambivalent). Die Relationen sind symmetrisch, d.h. ArB = BrA, r = p, n, o, a. Diese Bedingung entspricht nicht der Balance-Theorie und schränkt die Anwendungsmöglichkeiten der "Logik" in der vorliegenden Form[4] ein. Die Regeln der Logik sind von der folgenden Art: ApB und BpC implizieren ApC oder AnB und BpC implizieren AnC. Ein Beispiel für die zweite Regel könnte etwa sein: "Lutz und Peter mögen sich nicht, Peter und Christian mögen sich, also mögen sich Lutz und Christian nicht." Die Regeln der Logik fordern also balancierte Strukturen. Insgesamt umfaßt die "symbolic psycho-logic" acht Regeln, die wir hier nicht im Einzelnen wiedergeben. Mit Hilfe dieser Regeln können Strukturen auf ihre Balance oder Konsistenz hin geprüft werden.

Für die Menge E der Relationen r = p, n, o, a sollen folgende Festsetzungen für die Operationen der Addition und Multiplikation gelten:

$$\text{(7)}\qquad \begin{array}{lll} \left.\begin{array}{l} r + o = r \\ r + r = r \\ r + a = a \end{array}\right\} & \text{für alle } r \in E \\ p + n = a & \\ \left.\begin{array}{l} r \times p = r \\ r \times o = o \end{array}\right\} & \text{für alle } r \in E \\ r \times a = a & \text{für } r = P, n, a \\ n \times n = p & \end{array}$$

Für die Operationen in (7) gelten die commutativen, assoziativen und distributiven Eigenschaften von Multiplikation und Addition. Ist eine Struktur mit N Elementen gegeben, so läßt sich eine N x N "Strukturmatrix" R definieren, für deren Elemente r_{ij} (i = 1, 2, . . . N; j = 1, 2, . . . N) gilt:

$$\text{(8)}\qquad \begin{array}{l} r_{ij} = p, n, o \\ r_{ii} = p \\ r_{ij} = r_{ji} \end{array}$$

Die Elemente der Hauptdiagonale der Matrix sind also alle positiv, d.h. die Elemente der Struktur stehen zu sich selbst in positiver "Relation". Da die Relationen symmetrisch sind, spiegeln sich nach (8) die Elemente der Matrix an der Hauptdiagonalen. Für die Matrix R definieren *Abelson* und *Rosenberg* die "Pseudo-Determinante" § R §.

---

4) Zur Weiterentwicklung und Kritik der "symbolic psycho-logic" verweisen wir auf *R.M.Lambert* 1966 und *P.J.Giese* 1967.

(9) $$\S R \S = \sum_{\text{alle } g} \prod_{i=1}^{N} r_{ig_i}$$

Dabei ist g_i eine Permutation der Zahlen i=1, 2, . . . N. Für die Produkte in (9) werden die r_{ij} so gewählt, daß die j in aufsteigender Reihenfolge von 1 bis N stehen, während die i jeweils eine Permutation wiedergeben. Für die Bildung von R gelten die Festsetzungen von (7). Die eigenwillige Schreibweise von (9) ist von den Autoren anscheinend deshalb gewählt worden, um den Unterschied zur üblichen Determinante deutlich zu machen. Die Summanden in (9) sind alle positiv, während in der üblichen Determinante nur die positiv sind, deren zugehörige Permutation gerade ist.

Da in der Hauptdiagonale von R alle Elemente gleich p sind, ist in (9) mindestens ein Produkt gleich p. Daraus folgt nach (7), daß für alle Pseudo-Determinanten der Matrizen R, die in der Menge $\mathfrak{R}$ aller möglichen N x N Struktur-Matrizen enthalten sind, gilt:

(10) $\S R \S = p$ oder a für alle $R \subset \mathfrak{R}$

Ist §R§ = p, dann ist die Struktur balanciert, ist §R§ = a, so ist sie unbalanciert.

Auf Grund von (10) läßt sich $\mathfrak{R}$ in die Klassen aller unbalancierten und aller balancierten N x N Struktur-Matrizen aufteilen. Durch Anwendung von sogenannten "Transformationsmatrizen" auf die Klasse aller unbalancierten Struktur-Matrizen kann diese weiter in Klassen der "Komplexität" oder "Unbalanciertheit" zerlegt werden. Das Verfahren zur Bestimmung des Komplexitäts-Grades einer unbalancierten Struktur-Matrix soll hier nicht vorgestellt werden. Nach *Abelson* und *Rosenberg* läßt sich der Grad der Unbalanciertheit definieren als die minimale Zahl von Änderungen von Relationen, die notwendig ist, um eine Struktur zu balancieren. Die Autoren stellen die Hypothese auf, daß Individuen in Strukturen mit gleich "starken" Relationen die Strukturveränderung bevorzugen, die durch eine minimale Anzahl von Relations-Änderungen zur Balance führt (a.a.O., S.8).

Die Formalisierung von *Abelson* und *Rosenberg* stellt nun nicht direkt eine Formalisierung der Theorie struktureller Balancen dar. Diese würde eine Formalisierung der Hypothesen beinhalten. Was *Abelson* und *Rosenberg* demgegenüber durchgeführt haben, ist als Präzisierung des begrifflichen Gerüsts "Struktur", "Balance", "Balancierung" etc. aufzufassen. Im gleichen Sinne ist die graphentheoretische Formalisierung der *Heiderschen* Theorie zu verstehen, die von *Cartwright* und *Harary* (1956) stammt. Diese führt zu einigen weiteren Differenzierungen des Balance-Konzepts und soll deshalb kurz erörtert werden.

Eine Struktur von N Elementen wird so in einem Graphen abgebildet, daß die Elemente den "Knoten" eines Graphen und die möglichen Relationen zwischen den Elementen, die $\frac{N(N-1)}{2}$ Paare von Elementen, den "Kanten" entsprechen.

Da wir hier nur über kognitive und affektive Strukturen intra- und interpersonaler Natur sprechen, werden wir die Entsprechungen "Struktur"-"Graph", "Kante"-"Relation" etc. nicht strikt durchhalten, sondern die Begriffe alternativ verwenden.

Ein Graph ist "gerichtet", wenn die Paare der Elemente geordnet sind, wenn also gilt ArB ≠ BrA; er ist ungerichtet, wenn die Relationen zwischen den Elementen symmetrisch sind. Abb. 1a zeigt einen ungerichteten, Abb. 1b einen gerichteten Graphen.

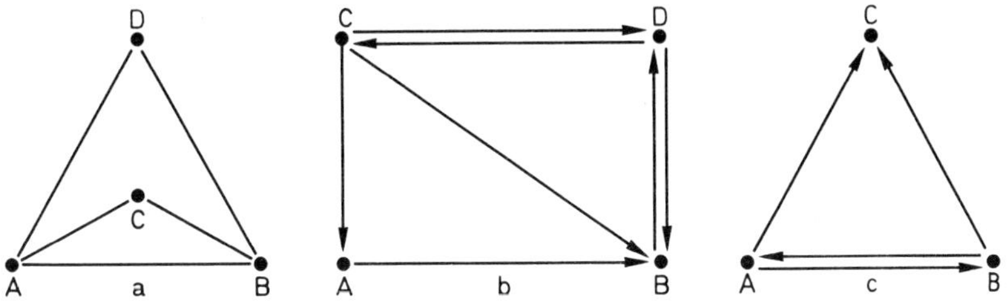

Abb. 1. Ungerichtete, gerichtete und bewertete Graphen

Abb. 1c stellt eine Struktur nach dem A-B-X-System von *Newcomb* dar. Die Theorie struktureller Balancen erfordert fast ausnahmslos in der graphentheoretischen Darstellung gerichtete Graphen, sobald sie den Bereich rein kognitiver Strukturen überschreitet.

Von einem "bewerteten" Graphen wollen wir dann sprechen, wenn die Relationen einer Struktur gewichtet sind. In der Balance-Theorie wird im allgemeinen in bewerteten Graphen nur nach positiven und negativen Relationen differenziert[5]. Untersuchungen von Strukturen mit differenzierteren Bewertungen sind selten. Ein Beispiel für sie stellt die Arbeit von *Feather* (1966) dar. *Morrissette* und *Jahnke* konnten zeigen, daß Relationen, denen der Wert "Null" zugeordnet wird, von den untersuchten Individuen so behandelt zu werden scheinen, als würde zwischen den entsprechenden Elementen keine Relation bestehen (*Morrissette, Jahnke* 1967). Abb. 1c gibt einen bewerteten und gerichteten Graphen wieder. Positive Relationen sind durch durchgehende, negative Relationen durch unterbrochene Linien angezeigt. Diese Darstellungsweise ist in der Forschungsliteratur Konvention. Abb. 1 c könnte als eine unbalancierte Struktur nach *Newcombs* A-B-X-System interpretiert werden, die von zwei Personen gebildet wird, die sich "schätzen", jedoch gegenteilige Einstellungen gegenüber einem bestimmten Objekt einnehmen.

---

5) Eine Erweiterung der Theorie und formalen Modelle auf differenzierte Bewertungen bieten *Cartwright* und *Harary* (1970). Diese wichtige Studie war mit erst nach Abschluß dieser Arbeit zugänglich.

Für ungerichtete Graphen können "Zyklen", für gerichtete Graphen "Semi-Zyklen" definiert werden. Sie bestehen aus einem "Pfad" AB, BC, . . . , YZ und der Kante ZA. In gerichteten Graphen werden bei der Bildung von Semi-Zyklen die "Richtungen" der Kanten nicht beachtet. Ordnet man den positiven Relationen den Wert +1 und den negativen Relationen den Wert −1 zu, so ist ein Zyklus balanciert, wenn das Produkt der Werte aller in ihm verbundenen Relationen positiv ist; ist das Produkt negativ, so heißt der Zyklus bzw. Semi-Zyklus unbalanciert. Dies entspricht der intuitiven Kategorisierung von S. 8. *Cartwright* und *Harary* definieren den Grad der Balance b (G), eines Graphens als das Verhältnis der Anzahl der positiven Zyklen, $c^+(G)$, zur Gesamtzahl der Zyklen, c(G), im Graphen, also:

(11) $$b(G) = \frac{c^+(G)}{c(G)}$$

Sind alle Zyklen eines Graphen positiv, so ist die Struktur balanciert. Dies entspricht (10), da Zyklenbildung und Permutationen einander äquivalent sind (vgl. *Abelson, Rosenberg* 1958, S.9).

Durch (11) werden die Balance-Grade von Strukturen mit gleicher Elementenzahl einander vergleichbar gemacht. Für eine Vergleichbarmachung der Balance-Grade unterschiedlich großer Strukturen fehlt bislang die theoretische Begründung durch die Theorie struktureller Balancen.

Je größer die Anzahl der Elemente einer Struktur und damit die Anzahl möglicher Zyklen ist, um so aufwendiger wird es, nach (11) zu bestimmen, ob eine Struktur balanciert ist. Es sind deshalb auch andere Vorgehensweisen zur Bestimmung von Balancen entwickelt worden (vgl. *Harary, Norman, Cartwright* 1965, S.346ff.). Einer der wichtigsten und bekanntesten wird durch das sog. "Struktur-Theorem" formuliert:
Eine Struktur mit bewerteten Relationen ist balanciert dann und nur dann, wenn ihre Elemente in zwei sich ausschließende Mengen zerlegt werden können, so daß positive Relationen nur Elemente innerhalb der beiden Teilmengen verknüpfen, negative Relationen nur zwischen Elementen bestehen, die nicht derselben Teilmenge angehören.

Dabei darf eine der beiden Teilmengen eine leere Menge sein. Dieses Theorem wurde von *Cartwright* und *Harary* (1956) entwickelt. Auf Grund dieses Theorems läßt sich in vielen Fällen durch direkte Inspektion des zugehörigen Graphens feststellen, ob eine Struktur balanciert ist. Das Struktur-Theorem dürfte daneben auch Bedeutung für soziometrische Fragestellungen haben.

Eine weiterführende Möglichkeit der Ermittlung von Balancen ergibt sich aus einer Matrizen-Formulierung (vgl. zum folgenden *Harary, Norman, Cartwright* 1965, S.352ff.). Bildet ein gerichteter bewerteter Graph von Typ 1 eine Struktur S mit N Elementen ab, so läßt sich eine NxN Struktur-Matrix R(S) definieren, deren Elemente r_{ij} (i=1, 2, . . . N; j=1, 2, . . . N) folgende Werte annehmen: für positive Relationen zwischen dem i-ten und j-ten Element der Struktur S +1, für negative Relationen −1. Besteht zwischen zwei Elementen von S keine Relation, so ist das zugehörige r_{ij} = O. Da die Relationen in S nicht reflexiv sind, sind alle $r_{ii} = 0$.

Auf Grund von R(S) läßt sich eine NxN "Valenz"-Matrix B(S) definieren, deren Elemente b_{ij} wie folgt bestimmt werden:

$$
\begin{aligned}
b_{ij} &= p, \text{ wenn } r_{ij} + r_{ji} > 0 \\
b_{ij} &= n, \text{ wenn } r_{ij} + r_{ji} < 0 \\
b_{ij} &= o, \text{ wenn } r_{ij} + r_{ji} = 0 \\
b_{ij} &= a, \text{ für alle anderen Fälle.}
\end{aligned} \tag{12}
$$

Die Bedeutungen von p, n, a und o sind identisch mit den Bedeutungen dieser Symbole in (7). Da in einem gerichteten Graphen zu einer Struktur S zwischen zwei Elementen zwei Relationen bestehen können, erfolgt durch (12) eine "Gewichtung" dieser Relationen und ihre Zusammenfassung in einem Ausdruck. Bestehen zwischen zwei Elementen sowohl eine positive wie eine negative Relation, so ist das zugehörige $b_{ij} = a$.

Einsichten in eine Struktur S ergeben sich nun aus den Potenzen $B(S)^k$. Für die Bildung von $B(S)^k$ gelten die Regeln der Addition und Multiplikation in (7). Die Elemente $b_{ij}^{(k)}$ einer Matrix $B(S)^k$ geben an, ob alle "Semi-Pfade" von der Länge k in einem gerichteten Graphen, die die entsprechenden Elemente miteinander verbinden, positiv, negativ, nicht existent oder sowohl positiv wie negativ sind, je nachdem, ob $b_{ij}^{(k)} = p$, n, 0 oder a ist. Ist ein $b_{ii}^{(k)} = a$, so heißt das, daß das zugehörige Element der Struktur einem unbalancierten Semi-Zyklus angehört, dessen Länge kleiner oder gleich k ist. Daraus ergibt sich, daß eine Struktur dann und nur dann balanciert ist, wenn keine Matrix $B(S)^k$, k=1, 2, . . . N, in der Hauptdiagonalen ein Element n oder a enthält[6]. N ist die Länge des längsten Semi-Zyklus der zugehörigen Struktur.

Formal können beliebig viele Elemente zu kognitiven oder affektiven Strukturen zusammengefaßt werden, bzw. beliebig große Gruppen oder Mengen von Individuen lassen sich strukturell analysieren. Es ist jedoch ungeklärt, ob der Balance-Mechanismus auch über beliebig große Strukturen hinweg wirksam ist. Das führt zu den Fragen, wie "groß" kognitive Strukturen sein können, wie das Verhältnis verschiedener Strukturen in einem Individuum zu denken ist, ob möglicherweise zwischen verschiedenen Teilmengen von Elementen "Schwellenwerte" bestehen, die einen Balance-Ausgleich nur für gewisse Grade der Unbalanciertheit ermöglichen. So ließe sich denken, daß ein "Strukturgedächtnis" eines Individuums so organisiert ist, daß ihm nur der Zugriff zu begrenzten Mengen von Elementen

---

6) Eine weiterführende Behandlung der Möglichkeiten der Matrizen-Analyse für die Untersuchung von Strukturen, speziell Gruppen-Strukturen, findet sich bei *Luce* und *Perry* (1949).

möglich ist, die ihm Balance-Probleme stellen können. Hierdurch wären gleichzeitig mögliche "Strategien" zur Neutralisierung von Nicht-Balancen gegeben. Ein Werkzeug, das bei der Klärung dieser Fragen benutzt werden könnte, stellt das Konzept der "limitierten Balance" dar. Eine Struktur weist eine limitierte Balance vom Grade n auf wenn alle Elemente der Hauptdiagonalen aller $B(S)^k$, k = 1, 2, . . . n, gleich p oder 0 sind (vgl. *Harary, Norman, Cartwright* 1965, S.455), wenn also alle Semi-Zyklen balanciert sind, deren Längen kleiner oder gleich n sind. Erforscht sind bisher allerdings weitgehend nur Strukturen mit drei oder vier Elementen.

Die Theorien struktureller Balancen nach *Heider* oder *Newcomb* erklären und prognostizieren nur Änderungen von Relationen in einer gegebenen Struktur, etwa die Änderung der Einstellung einer Person gegenüber einem Objekt. Es können nun Strukturen existieren, in denen nicht von vornherein zwischen allen Elementen Relationen bestehen. *Harary* hat für diese Strukturen die Balance-Theorie um ein Theorem über die "Tendenz zur Vollständigkeit" erweitert, das er für soziale Gruppen formuliert:

> "A group structure will tend toward completeness, that is, if two entities are not yet interrelated in the structure, then a bond will tend to be induced to appear between them" (*Harary* 1959, S.318).

Eine theoretische Begründung für diese Vermutung liefert *Harary* nicht. *Morrissette, Jahnke* und *Baker* (1966) weisen nach, daß dieses Theorem nicht mit der Theorie *Heiders* in der Formulierung von *Cartwright* und *Harary* vereinbar ist, da nach (11) auch unvollständige Strukturen balanciert sein können, also keine Änderungstendenzen unterliegen dürften, Vervollständigung einer Struktur daneben auch zu einer Abnahme der Balance in der Struktur führen kann. *Hararys* Theorem müßte daher durch einen Zusatz erweitert werden, "wenn dadurch die Balance der Struktur erhöht wird". Unvollständige Strukturen werden häufig in empirischen Forschungen zur Prüfung der Balance-Theorie herangezogen. Es wird untersucht, inwieweit Individuen dazu tendieren, unvollständige Strukturen so zu ergänzen, daß der höchst mögliche Grad an Balance erreicht wird (vgl. S.24). Strukturergänzungen nach dem Balance-Prinzip könnten u.U. auch als Erklärungsmodell für eine Reihe von Erwartungsbildungen angesehen werden. Anhaltspunkte hierfür lassen sich etwa den Untersuchungen von *Walster* und *Walster* (1963) und *Darley* und *Berscheid* (1967) entnehmen. Auf Grund von Informationen über potentielle Interaktionspartner wählten die untersuchten Individuen solche Partner, von denen keine Inbalance der interpersonalen L- und U-Relationen zu erwarten war (*Walster* und *Walster*). Von Individuen, mit denen die Untersuchungspersonen U-Relationen eingehen sollten, wurden häufiger "positive" Eigenschaften erwartet, als von Individuen, die in keine Relation zu den Vp treten sollten (*Darley* und *Berscheid*). Die in beiden Untersuchungen vorgegebenen Strukturen sind jedoch so wenig differenziert, als daß sie eindeutig auf Balance-Tendenzen in der Bildung von Erwartungen hinweisen könnten.

Unvollständige Strukturen verweisen auf einen Aspekt, der in der Theorie und Forschung zur strukturellen Balance weitgehend vernachlässigt oder nicht explizit behandelt wird, auf Strukturbildung und Strukturerweiterung. Hier ist die formalisierte, speziell graphentheoretische Modellbildung der Theoriebildung, d.h. der psychologischen oder soziologischen Interpretation dieser Modelle weit voraus (vgl. etwa *Abell* 1968). Ansatzpunkte zur theoretischen Behandlung dieser Probleme könnte etwa das Material der großen Untersuchung von *Newcomb* (1961) bilden, der die Bildung von Freundschaften in einem Studentenwohnheim über einen längeren Zeitraum hin beobachtete. Fruchtbar könnte hier möglicherweise die Verbindung von stochastischen Modellen der Bildung von Gruppenstrukturen (vgl. etwa die Untersuchung von *Katz* und *Proctor* 1959) mit der Theorie struktureller Balancen sein, wie sie von *Nahinsky* (1969) im Modell vorgeschlagen wird. Dann dürfte sich u.U. auch erweisen, ob die Balance-Theorie auch zur Klärung von Vorgängen in größeren, differenzierteren Strukturen geeignet ist. Empirische Forschung dürfte dabei leichter bei interpersonalen Strukturen ansetzen können, da sich hier die Konstruktionen der Balance-Theorien einfacher und eindeutiger repräsentieren lassen dürften. Bis dahin dürfte die Balance-Theorie "nur" als Erklärungsmodell für Relationsänderungen, speziell für Einstellungswandel, in kleineren, drei oder vier Elemente enthaltenden Strukturen aufzufassen sein. Gilt sie möglicherweise für größere Strukturen nicht, so dürften allerdings auch ihre Annahmen in bezug auf kleinerer Gebilde in Frage gestellt sein.

Nachdem wir die Theorie struktureller Balancen, ihre Entwicklungsmöglichkeiten und einige Ansätze zur formalisierten Behandlung von Strukturen skizziert haben, wollen wir im folgenden auf empirische Untersuchungen zu dieser Theorie eingehen. Ein Großteil der Forschungsergebnisse, die als Bestätigungen des Balance-Prinzips aufgefaßt werden können, die Untersuchungen zur Beziehung von (Einstellungs-) Ähnlichkeit zwischen Personen und Attraktion nach dem A-B-X-Schema, sollen allerdings erst an späterer Stelle (Kap. 3) referiert werden. Stellvertretend für andere Untersuchungen dieser Art sei hier nur auf *Lerner* und *Becker* (1962) hingewiesen.

In einem der ersten Experimente zur *Heiderschen* Theorie struktureller Balancen gab *Jordan* seinen Untersuchungspersonen Strukturen vor, die aus einer - gerichteten - Relation zwischen zwei Individuen und den Relationen dieser Individuen zu einem unbenannten Objekt bestanden. Die Strukturen gaben alle möglichen Kombinationen aus positiven und negativen L- und U-Relationen wieder. Die Untersuchten sollten sich mit einer der beiden in den Strukturen vorgegebenen Personen identifizieren und die Strukturen auf ihre "Annehmlichkeit" (pleasentness) hin beurteilen. Nachgewiesen werden sollte, daß unbalancierte gegenüber balancierten Strukturen "Spannungen" erzeugen, die die Grundlage von Balance-Tendenzen bilden sollen (*Jordan* 1953).

Die Ergebnisse *Jordans* liefert in wesentlichen Teilen eine Bestätigung der *Heiderschen* Theorie. Jedoch fanden sich auch gravierende Abweichungen, die *Runkel* (1956) zu einer erneuten Analyse des Datenmaterials von *Jordan* veranlaßten. *Runkel* schied alle Strukturen mit negativen U-Relationen aus, da diese seiner Ansicht nach keine geschlossenen Strukturen bilden und demnach keinen Balance-Tendenzen unterliegen. Ferner stufte *Runkel* alle formal balancierten Strukturen, die zwei negative Relationen aufweisen, von denen eine die beiden Personen verbindet, als unbalanciert ein, da diese Strukturen nach seiner Meinung zur Auflösung der Struktur insgesamt tendieren, wobei er Struktur mit stabiler sozialer Beziehung gleichzusetzen scheint. Nach diesen "Korrekturen" ließen sich die Strukturen so ordnen, daß die neue Klasse der balancierten Strukturen konsistent als angenehm, die unbalancierten Strukturen konsistent als unangenehm eingestuft werden.

Die Veränderungen von *Runkel* scheinen uns jedoch relativ willkürlich zu sein, so daß wir selbst noch einmal eine Neuanordnung der *Jordanschen* Daten vorgenommen haben, ohne dabei eine Struktur auszuscheiden (vgl. Tab. 1). Die Neuordnung zeigt, daß 1. die Positivität oder Negativität der Relationen zwischen den *Personen* einen großen Einfluß auf die Bewertung nehmen, 2. L-Relationen für die Bewertung ein stärkeres Gewicht zu besitzen scheinen als U-Relationen, 3. die Daten der Balance-Theorie in jenen Fällen am ehesten entsprechen, in denen zwischen den Personen eine positive Relation besteht. Der dritte Umstand dürfte die eingeschränktere Fassung der Balance-Theorie von *Newcomb* (1953) unterstützen. Diese drei Faktoren können jedoch keine vollständig konsistente Interpretation der Daten in Tab. 1 liefern. Vielmehr scheinen eine Reihe weiterer Einflußkräfte am Werk zu sein:

Es ist fraglich, ob der empfundene Stress von Struktur zu Struktur von gleicher Art ist; die Relation U ("X has no sort of bond or relationship with Y") dürfte u.U. in ihrer Bedeutung von Struktur zu Struktur variieren, je nachdem, ob sie zwischen Personen oder zwischen einer Person und einem Objekt besteht, ob im letzteren Fall die zweite Relation zwischen Objekt und Person eine L- oder U- Relation darstellt.

Der geringe Grad der Differenzierung der Strukturen im Experiment von *Jordan* läßt eine andere Erklärung der Daten auch als möglich erscheinen: Die Beurteilung der Strukturen richtet sich 1. nach Art und Vorzeichen der Relation zwischen den Personen, 2. nach der Ähnlichkeit der beiden Objekt-Relationen. Die Ähnlichkeit der Relationen bestimmt sich dabei in erster Linie nach dem Vorzeichen, in zweiter Linie nach der Art der Relationen. Mit Hilfe dieses Ansatzes ließen sich vor allem die Strukturen

Tab. 1. Eingeschätzte Unannehmlichkeit von balancierten und unbalancierten Strukturen (nach *Jordan* 1953, Tab. 2)

Relationen		Relation bR x			
aRb	aRx	L+	U+	U–	L–
L+	L+	22.1	27.6	47.5	64.5
L+	U+	22.5	25.5	50.8	68.8
L+	U–	46.5	47.3	31.3	44.7
L+	L–	67.1	67.4	47.5	33.8
U+	L+	21.8	31.5	47.4	64.9
U+	U+	26.6	33.2	50.3	61.4
U+	U–	49.3	57.1	41.9	45.8
U+	L–	67.2	64.0	41.5	37.2
U–	L+	42.7	45.4	44.9	57.6
U–	U+	47.1	50.2	48.1	56.4
U–	U–	53.3	52.4	50.0	53.5
U–	L–	60.2	61.9	51.5	51.7
L–	L+	59.1	68.5	54.2	64.2
L–	U+	64.1	71.0	55.0	61.2
L–	U–	66.9	64.9	61.8	59.2
L–	L–	71.5	68.2	69.8	69.9

Erläuterung: a und b repräsentieren Personen, x bedeutet ein Objekt, aRb stellt demnach die Relation zwischen zwei Personen dar, aRx und bRx geben die Objekt-Relationen der beiden Personen wieder. Die Untersuchungspersonen hatten sich mit a zu identifizieren. Bewertet wurden die Strukturen auf einer Skala von 10 Punkten (sehr angenehm) bis 99 Punkten (sehr unangenehm) mit einem "neutralen" Wert von 55 Punkten. 288 Personen bewerteten jeweils acht Strukturen auf dieser Skala. Die Skalenwerte in der Tabelle stellen jeweils den Durchschnitt aus 36 Bewertungen dar. Die Strukturen wurden in zufälliger Reihenfolge vorgelegt.

mit einer negativen Relation zwischen den Personen konsistenter, wenn auch nicht vollständig ordnen.

In einer Reihe weiterer Studien, in denen wie bei *Jordan* eine Identifizierung der untersuchten Personen mit einem Individuum verlangt wird, das in balancierten oder unbalancierten Strukturen involviert ist, zeigt sich ebenfalls, daß in Strukturen, wo zwischen den Personen eine negative Beziehung besteht, balancierte Strukturen gegenüber unbalancierten Situationen nicht als angenehmer empfunden werden (*Price, Harburg, Newcomb* 1966; *Rodrigues* 1965; *Rodrigues* 1967; *Shrader, Lewitt* 1962). In Experimenten jedoch, die die Untersuchten nicht als "Mitspieler" in die Strukturen einbezogen, sondern ihnen die Rolle von unbeteiligten Beurteilern der "Gestalt" einer Struktur zuteilen, treten sowohl bei positiven wie bei negativen Relationen zwischen den Personen in der Strukturbewertung Balance-Effekte in den von *Heider* prognostizierten Richtungen auf (*Zajonc, Burnstein* 1965a; *Zajonc, Burnstein* 1965b). Diese unterschiedliche Wirksamkeit struktureller Balancen in der Einschätzung von Strukturen stellt auch *Adermann* (1969) fest, der in einem Experiment Strukturbewertungen in Situationen mit und ohne Indentifikation des Bewertenden mit Elementen der Strukturen vergleicht. Diese Ergebnisse legen den Schluß nahe, daß Balance-Tendenzen unbeschränkt nur für die kognitive intrapersonale Strukturierung bedeutsam sind, während in interpersonalen Strukturen für die Beteiligten möglicherweise nur eine bestimmte Klasse balancierter Strukturen "Ziel" von Balancevorgängen ist: positive Relationen zwischen den Personen, Ähnlichkeit der Objekt-Relationen (vgl. Kap.3). Dieser Schluß überschreitet allerdings den Rahmen der erwähnten Untersuchungen, da sie nur hypothetische Strukturen zum Gegenstand haben.

Obwohl die Arbeiten von *Zajonc* und *Burnstein* einen erweiterten Wirkungskreis von Balance-Tendenzen gegenüber der Untersuchung von *Jordan* demonstrieren, findet sich auch hier, daß die Untersuchten unabhängig vom Grad der Balance einer Struktur positive Relationen besser als negative Relationen aufnehmen. Da die beiden Autoren in ihren Arbeiten vornehmlich das Lernen von Strukturen untersuchten, ist die Vergleichbarkeit etwa mit *Jordan* nicht direkt gegeben. Dazu müssen Hilfsannahmen eingeführt werden, etwa: Bewertung und Erlernen von Strukturen haben dieselbe Ursache in Form der "Gestaltqualität" einer Struktur und können deshalb beide als Indikatoren für Balance-Tendenzen benutzt werden. Trotz dieser Unsicherheiten scheint neben der Balance-Tendenz eine allgemeine Tendenz zur Positivität von Beziehungen bestehen, die *Harary* in einem Theorem über die "Tendenz zur Positivität" wie folgt für Gruppen formuliert:

> "If a relationship is intrinsically positive, then any individual in a group will tend to show a marked preference to forming positive bonds rather than negative ones" (*Harary* 1959, S.318). "By *an intrinsically positive relation,* we mean one which will be generally regarded in our culture as positive, e.g., liking, loving, helping, soothing, communicating facts" (ibidem, S.317, Unterstreichung von *Harary*).

Die Tendenz zur Positivität von Beziehungen zeigt sich nicht nur in Bewertungen von Strukturen, sondern auch in den Erwartungen, die Individuen an die Bildung von Relationen zwischen Personen richten. In einer Untersuchung von *De Soto* und *Kuethe* (1959) sollten die Befragten ihre Einschätzungen der Wahrscheinlichkeiten angeben, mit denen unter verschiedenen Bedingungen eine nicht näher beschriebene Person eine andere mag. Die Wahrscheinlichkeit p (aRb) – a mag b mit der Wahrscheinlichkeit p – war anzugeben unter den Bedingungen: aRc, cRb, bRa und (aRc und cRb).

Als Durschnittswerte für die unbedingten wie für die bedingten Wahrscheinlichkeiten ergaben sich:

1)	p	(aRb)	= .59
2)	p	(aRb|aRc)	= .58
3)	p	(aRb|cRb)	= .60
4)	p	(aRb|bRa)	= .74
5)	p	(aRb|aRc,cRb)	= .66

(*De Soto, Kuethe* 1959, S.291).

Eine Tendenz zur Positivität dürfte sich darin zeigen, daß die Befragten in mehr als der Hälfte vorkommender Fälle eine positive Beziehung zwischen zwei Personen erwarten. Die zusätzlichen Informationen in 2) und 3) bilden mit der einzuschätzenden Relation keine Struktur und erhöhen nicht die Erwartungen an die Beziehungen aRb signifikant (ibidem S.291), während die gesteigerten Erwartungen in 4) und 5) Balance-Tendenzen zugeschrieben werden können.

In 4) könnte als weiterer verstärkender Faktor eine "Tendenz zur Reziprozität" der Beziehungen hinzutreten. So war auch in der bereits zitierten Untersuchung von *Zajonc* und *Burnstein* (1965b) Reziprozität neben Balance und Positivität ausschlaggebend für das Erlernen von Strukturen. *De Soto* (1960) stellt fest, daß positive Relationen dann am besten gelernt werden, wenn in der Struktur reziproke Entsprechungen vorhanden sind.

In Kleingruppen beobachteten *Tagiuri, Blake* und *Bruner* (1953), daß die Gruppenmitglieder voneinander eher eine Erwiderung ihrer positiven als ihrer negativen Gefühle erwarteten. Diese Erwartungen entsprechen weitgehend dem tatsächlichen Verhalten. *Tagiuri* (1958, S.321) stellt fest, daß die Einstellungen von Individuen dann besonders häufig reziprok sind, wenn es sich um positive Einstellungen zueinander handelt.

Ebenso wie die Untersuchung von *De Soto* und *Kuethe* zeigt das schon zitierte Experiment von *Darley* und *Berscheid* (1967), daß in der Regel positive Beziehungen zwischen zwei Personen erwartet werden. Die Ankündigung eines Kontakts – einer positiven U-Relation – mit einer unbekannten Person erzeugte bei den Versuchspersonen positive Einstellungen gegenüber den potentiellen Kontaktpartnern. Eine Tendenz zur Positivität stellt auch *Blumberg* (1969) fest. *Blumberg* läßt Individuen Situationen nach ihrer Annehmlichkeit bewerten, in denen ihnen von anderen - realen - Personen mehr oder weniger große Freundschaft entgegengebracht wird, als sie selbst diesen entgegenbringen. Entsprechend dem Balance-Prinzip äußern die Untersuchten um so größeres Unbehagen, je mehr die Zuneigung einer anderen Person zu ihnen von ihrer eigenen Zuneigung nach "unten" wie nach "oben" abwich. Es zeigte sich jedoch, daß die Individuen gegenüber positiven Abweichungen weitaus toleranter sind als gegenüber negativen Differenzen, solange die Abweichung einen bestimmten Betrag nicht übersteigt. Die Erklärung dieses Sachverhalts, der Bevorzugung symmetrischer Relationen, kann nun sowohl durch die Balance-Theorie erfolgen wie auch "in terms of potential rewards" oder potentieller Verpflichtungen (*Blumberg*, S.126). Auf die motivationalen Grundlagen der Balance-Theorie werden wir weiter unten noch kurz eingehen.

Wir können die Untersuchungsergebnisse, die bisher vorgestellt wurden, dahingehend zusammenfassen, daß neben der Tendenz zur Balance von Strukturen Tendenzen zur Positivität von vor allem zwischenmenschlichen Relationen und Tendenzen zur Reziprozität zu beobachten sind. Diese Tendenzen können sich ergänzen, wie die Studie von *De Soto* und *Kuethe* nahelegt, sie können sich wie im Experiment von *Jordan* auch stören. Es zeigt sich bisher, daß Balance-Tendenzen nicht die einzige Grundlage für die Veränderung intra- und interpersonaler Strukturen darstellen dürften. Besonders die Daten von *Jordan* zeigen, daß der Balance-Mechanismus zu einfach sein dürfte, um differenzierte empirische Befunde erschöpfend zu erklären. Ergänzungen der Balance-Theorie in bezug auf Stärke und Art der Relationen in einer Struktur legt etwa auch die Arbeit von *Davol* (1959) nahe. Die Analyse realer Triaden ergab, daß bei zwei starken positiven Relationen eine negative dritte dem Anschein nach "toleriert" werden kann, während bei schwächeren Verknüfungen ein Balance-Ausgleich wahrscheinlicher sein dürfte.

Weitere Bestätigungen wie aber auch Modifikationen des formalen Balance-Prinzips finden sich in Studien, die als "Vorhersage-Studien" bezeichnet werden können. In diesen Arbeiten werden den Untersuchungspersonen unvollständige Strukturen zur Ergänzung angeboten. Nach der Balance-Theorie müßten die Strukturen so vervollständigt werden, daß ein möglichst hoher Balance-Grad erreicht wird. Die bekannteste dieser Art von Untersuchungen stammt von *Morrissette* (1958). Er präsentiert den Untersuchten unvollständige Strukturen vom Typ 2 mit drei oder vier Elementen. Diese Elemente stellen Personen dar. Mit einer dieser Personen (P) haben sich die Versuchsperonen zu identifizieren. Die vorgelegten Strukturen unterscheiden sich nach den Graden der maximalen totalen und der maximalen lokalen Balance am Element (P), die durch Vervollständigung zu erreichen sind. Der Grad der lokalen Balance bei einem Element X ist durch das Verhältnis der positiven Zyklen bzw. Semi-Zyklen, in denen X enthalten ist, bestimmt (vgl. *Harary, Norman, Cartwright* 1965, S.344ff). Die Ergebnisse von *Morrissette* zeigen, daß in den Strukturen mit drei Elementen durch Vervollständigung in der Mehrzahl der Fälle die maximal mögliche lokale und totale Balance erreicht wird. Bei den Strukturen mit vier Elementen ergab sich, daß die Vervollständigungen dahin tendierten, in erster Linie die lokale limitierte Balance von Grad 3 am Element P zu maximieren. Hieraus könnte man schließen, daß Balance-Tendenzen in größeren Strukturen – zunächst – zu Änderungen von Teilstrukturen führen, die besonders ausgezeichnet sind, etwa dadurch, daß in ihnen das betroffene Individuum enthalten ist. *Morrissette* stellt weiter fest, daß bei Strukturen die maximal mögliche Balance um so häufiger erreicht wird, je höher der Grad der maximal erreichbaren Balance liegt. Dies dürfte u.a. auf eine mögliche unterschiedliche

Diskriminierbarkeit von Balance-Graden in verschiedenen Bereichen der Balance-Skala zurückzuführen sein.

Die Untersuchung von *Morrissette* erbringt neben Modifikationen an der Theorie von *Heider*, die bei der Analyse größerer Strukturen zu erwarten sind, eine Bestätigung der *Heiderschen* Hypothese, daß unbalancierte Strukturen größere "Spannungen" im Individuum hervorrufen als balancierte. Je geringer der Grad der Balance der vervollständigten Strukturen ausfiel, um so weniger glaubten die Untersuchten, daß sie sich in den durch die Strukturen beschriebenen Gruppen wohlfühlen würden. Dieser Teil der *Heiderschen* Theorie ist auch von *Taylor* (1968) bestätigt worden. Er beobachtete, daß diskutierende Dyaden in unbalancierten Situationen häufiger Spannung lösender Verhalten (nach dem Beobachtungsschema von *Bales*) zeigen als in blancierten Situationen. Es ist jedoch fraglich, wie sich diese Ergebnisse mit denen von *Jordan* kombinieren lassen.

Ebenso wie *Morrissette* kann *Feather* (1966) in einer Vorhersage-Studie die Balance-Theorie in den von ihr ableitbaren Ergänzungstendenzen bestätigen. In Strukturen, die durch unvollständige, gerichtete, bewertete Graphen vom Typ 2 mit drei Elementen dargestellt wurden, wurden die Relationen von zwei Personen zu einem Objekt und eine Relation zwischen den Personen systematisch variiert. Eine L-Relation zwischen den Personen sollte ergänzt werden. Die Voraussage dieser L-Relation durch die Untersuchungssubjekte führte dann besonders häufig zu balancierten Strukturen, wenn die bereits existierende Relation zwichen den Personen eine L-Relation anstatt einer U-Relation war. Dieses Ergebnis entspricht zum Teil dem von *Jordan*, daß die den Balance-Tendenzen zugrunde liegende "Spannung" besonders stark von der Konstellation der L-Relationen in einer Struktur bestimmt wird. Allerdings gab *Jordan* ungerichtete, symmetrische Relationen vor, so daß zwischen den in den Strukturen repräsentierten Personen bereits eine reziproke Beziehung bestand. Im Experiment von *Feather* dagegen kann durch Vervollständigung sowohl Balance wie auch Reziprozität erreicht werden, so daß sich diese beiden möglichen Tendenzen nicht voneinander isolieren lassen. In einem weiteren Experiment von *Taylor* (1967) spielen L-Relationen ebenfalls eine prominente Rolle bei der Herstellung von Balancen. Ihre "Wirkungsweise" wird hier weiter differenziert. Sind in einer unbalancierten Struktur von zwei Personen und einem Objekt die gerichteten L-Relationen zwischen den Personen (vgl. etwa Abb. 1c) von ungleichem Vorzeichen, so wird eine Person ihre Einstellung zum Objekt, wenn erforderlich, eher so ändern, daß derjenige Semi-Zyklus zwischen beiden Personen und dem Objekt balanciert wird, in dem die von ihr ausgehende L-Relation zur anderen Person enthalten ist.

Diese Beobachtung wie eine Reihe der oben vorgestellten Ergebnisse weisen darauf hin, daß die Balance-Theorie, wenn man ihr überhaupt allgemeine Erklärungskraft zubilligen will, bisher nur dazu in der Lage ist, den Übergang von unbalancierten zu balancierten in recht unspezifischer

Weise vorauszusagen. Sie ist bisher dagegen kaum in der Lage anzugeben, welche Wahrscheinlichkeiten bestehen, daß aus der Vielzahl möglicher Balance-Wege, die in einer bestimmten Struktur bestehen können, bestimmte Wege von den Subjekten ergriffen werden. Hier muß noch eine umfangreiche Analyse von *einzelnen* Strukturen unter verschiedenen Bedingungen durchgeführt werden.

Eine Analyse möglicher zur Balance führender "Mikro-Prozesse" hat *Abelson* (1959) in Angriff genommen (vgl. auch *Rosenberg* und *Abelson* 1960, S.148ff.). *Abelson* spezifiziert vier Möglichkeiten eines Individuums, kognitiven Inbalancen zu begegnen: "Verneinung", "Polsterung", "Differenzierung" und "Transzendenz". Verneinung führt zu einer direkten Veränderung der Wertigkeit eines Elements oder einer Relation, die auch zur Eliminierung der Elemente oder Relationen führen kann[7]. Im Vorgang der Polsterung werden an eine unbalancierte Struktur neue Elemente so angegliedert, daß der Grad der Balance der resultierenden Struktur höher ist als der der anfänglichen Struktur. Differenzierung führt über die Aufspaltung eines Elements in positiv und negativ bewertete Teile zur Balance. Wenn etwa in Abb. 2a das Element A die betreffende Person darstellt, B die Gesundheit der Person und C Rauchen, so kann Balance dadurch erreicht werden, daß C differneziert wird nach Zigaretten (C′)- und Pfeifen-Konsum (C″), wenn A sich überzeugen kann, daß Pfeifen-Konsum nicht schädlich ist.

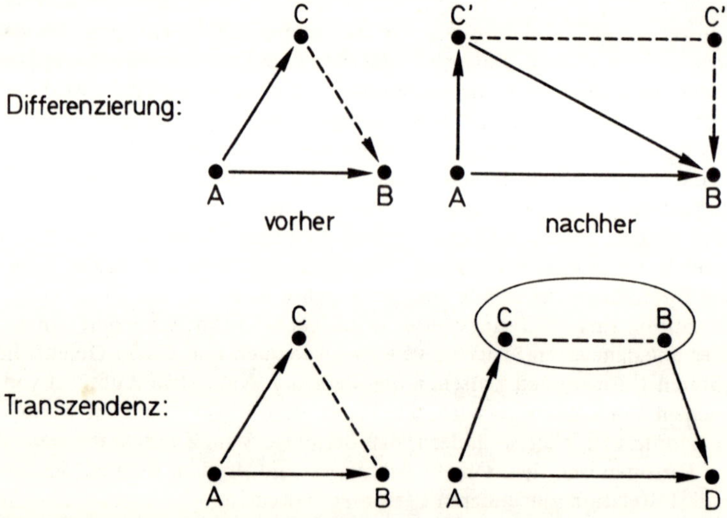

Abb. 2. Balancierung durch Differenzierung und Transzendenz

7) Vgl.auch die Balance-Maße "line index" und "point index" bei *Harary* 1959, S. 321 – 322.

Das vierte Verfahren zur Bildung kognitiver Balancen, die Transzendenz, beinhaltet nach *Abelson* die Zusammenfassung von Elementen einer Struktur zu neuen Einheiten:

"For example, the dilemma pitting science against religion ist transcended by the consideration that both the rational man and the spiritual man must be jointly cultivated to reach a fuller life or a better society or a deeper understanding of the universe" (*Abelson* 1959, S. 346).

Abelson versucht die vier Lösungsformen durch eine Reihe von Hypothesen und Folgesätzen zu verknüpfen und gelangt zu einer Sequenz, in der die Formen aufeinander folgen, wenn der vorangehende Lösungsversuch fehlschlägt: Verneinung, Polsterung, Verneinung, Differenzierung, Transzendenz. Eine empirische Bestätigung hierfür liegt bisher nicht vor. Es bleibt ungeklärt, bei welcher Klasse von Elementen die verschiedenen Lösungsversuche vornehmlich einsetzen.

Neben den vorgestellten "Verfahren" zur Aufhebung kognitiver Inbalancen oder Inkonsistenzen finden sich in der Forschungsliteratur eine Reihe von Wegen, inter-individuelle Strukturen zu balancieren. In der Hauptsache ergeben sich vier Möglichkeiten, Strukturen zu balancieren, die sich in der Regel aus zwei Personen und einem gemeinsamen Objekt der Orientierung aufbauen[8]:

1) Eine Person ändert die eigene Einstellung gegenüber dem Objekt. Sie paßt sich der Einstellung der anderen Person an (*Burdick* und *Burnes* 1958, *Cohn, Yee* und *Brown* 1961, *Gerard* 1954, *Sampson* und *Insko* 1964).

2) Eine Person versucht die Einstellungen der anderen Person zum Objekt der ihrigen anzupassen (*Berkowitz* und *Howard* 1959, *Festinger, Gerard* u.a. 1952).

3) Die Wahrnehmungen der Einstellungen der anderen Person werden in Richtung auf Übereinstimmung und Balance verzerrt (*Broxton* 1963, *Fiedler, Warrington, Blaisdell* 1952, *Festinger* und *Hutte* 1954, *Newcomb* 1963, *Smith* 1958).

4) Die Personen ändern ihre Beziehungen zueinander (*Byrne* und *Wong* 1962).

Die Bedingungen, unter denen die verschiedenen Balance-Wege eingeschlagen werden, sind bisher nicht systematisch untersucht worden. Solche Bedingungen könnten u.a. sein: Relevanz des Objekts (*Ofshe* 1970), Möglichkeiten zwischen Personen mit unterschiedlichen Einstellung zu wählen (*Newcomb* 1961, etwa S.95f.), die Starrheit von Vorurteilen.

Beim dritten Balancierungsmodus ist es fraglich, ob eine Verzerrung von Wahrnehmungen zugunsten balancierter Strukturen allein auf Balance-Tendenzen zurückzuführen ist oder ob ihr nicht auch ein konstanter, möglicherweise kulturell bedingter, kognitiver Bias zugrunde liegen kann. So stellen *Kogan* und *Tagiuri* fest, daß in von ihnen untersuchten Kleingruppen

8) Für größere Strukturen bietet sich zur Analyse verschiedener Balance-Wege eine graphentheoretische Formalisierung an. Sie können als Wege durch ein "Gitter"(lattice) gefunden werden, in dem die möglichen Strukturen bei gegebener Elementenzahl geordnet sind. (Vgl. *Flament* 1963, S.107ff.).

Triaden häufiger balanciert sind, als es zufällig statistisch zu erwarten ist. Diese tatsächliche Balance-Tendenz wird jedoch von den Gruppenmitgliedern noch überschätzt (*Kogan, Tagiuri 1958).*

Eine Beurteilung der Ergiebigkeit der Balance-Theorie aufgrund der vorliegenden Forschungen fällt schwer, da der Forschungs-Design von Untersuchung zu Untersuchung oft sehr unterschiedlich ausfällt. Studien zur Theorie struktureller Balancen sind sowohl unter experimentellen Bedingungen wie in "natürlichen Situationen" durchgeführt worden. In der experimentellen Forschung liegen Schwergewichte auf der Verhaltensbeobachtung und der Konfrontation der untersuchten Individuen mit hypothetischen Strukturen. Diese Strukturen variieren nach Vollständigkeit, Typ, Elementzahl, Relationsarten. In den verschiedenen Studien werden jeweils Elemente aus unterschiedlichen kognitiven Bereichen zu Strukturen kombiniert. Untersuchungen natürlicher Situationen – etwa *Newcomb* 1961 – leiden daran, daß die größeren Gruppenstrukturen nicht kontrolliert werden, zum Teil nicht kontrolliert werden konnten. Innerhalb der einzelnen Untersuchungsansätze liegen nur wenige Replikationen vor. Dies führt dazu, daß bei den oft mehrdeutigen, oft widersprüchlichen Ergebnissen der Geltungsbereich der Theorie struktureller Balancen nicht sicher angegeben werden kann. Die Bereiche möglicher Anwendungen reichen von einer allgemeinen Psycho-Logik über den spezielleren Bereich der Vermeidung kognitiver Inkonsistenzen, über die Wahrnehmung hypothetischer und realer sozialer Situationen nach "Gestalt-Prinzipien"[9] bis zur Strukturierung interpersonaler Beziehungen in Dyaden, Triaden und größeren Gruppen. Die Untersuchungen zeigen, daß eine Vielzahl von Tatbeständen und Vorgängen in diesen Gebieten eine Erklärung durch die Balance-Theorie finden können. Es hat jedoch den Anschein, daß die Anzahl der Abweichungen und Komplikationen zunimmt, je mehr der Untersuchungsraum von der Wahrnehmung hypothetischer Strukturen zu "realen" interpersonalen Strukturen verschoben wird. Das mag u.a. daran liegen, daß die Motivation, strukturelle Inkonsistenzen zu meiden, die als die "treibende Kraft" zur Balance angesehen wird, in natürlichen Gruppensituationen nur eine unter vielen möglichen Motivationen darstellt. Es hat sich jedoch gezeigt, daß auch in der Herstellung oder Bewertung von hypothetischen Strukturen Balance nicht das alleinige Ordnungsprinzip darstellen dürfte. So fanden wir auch dort Tendenzen zur Positvität und Reziprozität. *Singer* (1966, S.52ff.) bemängelt deswegen nicht zu Unrecht, daß Konsistenz- und Balance-Theoretiker die motivationalen Bedingungen von Strukturveränderungen und Bewertungen nur unzureichend aufgeklärt haben.
Eine ausgezeichnete Darstellung der Balance-Theorien, ihrer Probleme und empirischen Bestätigung bietet *H.F.Taylor* 1970, die leider erst nach Abschluß dieser Arbeit zur Verfügung stand.

---

9) Das mag vor allem für die Formierung von U-Relationen gelten (vgl. *Pepitone* 1964, S.30).

Die relative Einfachheit des Balance-Prinzips und die relative Undifferenziertheit der bislang untersuchten Strukturen dürften vielleicht dazu beitragen, daß zu einem noch relativ frühen Stadium der Forschung möglicherweise unterschiedliche psychische und soziale Prozesse einem einheitlichen Schema subsumierbar erscheinen. So zeigt *J.A.Davis* (1963), daß die Theorie struktureller Balancen nicht nur für intra-individuelle oder dyadische Prozesse sondern auch für weitere Bereiche sozialwissenschaftlicher Theoriebildung (Bezugsgruppenwahl, relative Depravierung, mechanische Solidarität, Cliquen-Bildung, Dissonanz, Uniformierung und Polarisierung von Meinungen, etc.) ein mögliches Modell darstellen kann. Die bisherigen Forschungsergebnisse werden jedoch damit gleichzeitig vieldeutig. So dürften u.U. reichhaltigere Erklärungsansätze, die differenzierte Prognosen erlauben, etwa Überlegungen zu "Kosten" und "Gewinnen" von Strukturänderungen, in verschiedenen Bereichen zur Eliminierung des Balance-Konzepts führen. In Kap. 5 werden wir z.B. versuchen, für den Zusammenhang von (Einstellungs-) Ähnlichkeit und Attraktion zwischen zwei Subjekten eine von der Balance-Theorie abweichende Erklärung zu geben. In dieser Situation scheint es uns im Gegensatz zu den folgenden Kapiteln nicht sinnvoll zu sein, die hier vorgestellten Forschungsergebnisse in Form eines oder mehrerer Theoreme zusammenzufassen, die Bestandteile einer Theorie der Entwicklung interpersonaler Attraktion sein könnten. Dies werden wir im nächsten Kapitel für den – speziellen – Zusammenhang von Ähnlichkeit und Attraktion vornehmen, der zwar durch die Balance-Theorie erklärt werden kann, jedoch im Gegensatz zur allgemeinen Theorie durch relativ konsistente Forschungsergebnisse belegt ist.

III Empathie, Ähnlichkeit und Attraktion

In den empirischen Wissenschaften geht es zumeist darum, Voraussagen über bestimmte Ereignisse zu ermöglichen. Prognosen sind jedoch nicht nur allein Geschäft des Wissenschaftlers. Wenn wir über das Wetter, internationale Politik oder Bekannte reden, so machen auch wir Nicht-Wissenschaftler auf diesen Gebieten in vielen Fällen Voraussagen. Solche Urteile über das mehr oder weniger sichere Eintreten bestimmter Ereignisse beruhen in der Regel nicht auf Ableitungen aus wissenschaftlichen Theorien, sondern auf unseren Erfahrungen, die durch unsere Lebensgeschichte bestimmt sind, auf Erfahrungen, die Mitmenschen stellvertretend für uns gesammelt und geordnet haben, auf unseren Wünschen, Glaubenssätzen und Vorurteilen. Diese kognitiven und affektiven Elemente, die es uns ermöglichen und die uns veranlassen, Voraussagen über Ereignisse zu machen, die für unser Leben von Interesse sind, sollen als unsere "Laientheorien" bezeichnet werden.

"Laientheorien" haben enge Verwandtschaft mit den "personal constructs" von *G.A.Kelly*:

> "Like the prototype of the scientist that he is, man seeks prediction. His structured network of pathways leads towards the future so that he may anticipate it . . . Anticipation is both the push and pull of the psychology of personal constructs" (*Kelly* 1965, S.49).

Ein mögliches "strukturiertes Netzwerk" wird etwa in der "symbolic psycho-logic" beschrieben.

Die Laientheorien haben ihre eigenen Prinzipien der Ableitung und "Hypothesenbildung" – etwa in Form von Erwartungen –, ihre eigenen Strategien der Datensammlung und der Korrektur der Prämissen. Ihre Schlußverfahren lassen sich durch formale Kalküle abbilden – etwa durch die Psychologik oder das "syllogistische Modell" von *McGuire* (1960). Ein wichtiger Unterschied zwischen diesen Logiken, die der Tendenz nach die soziale Realität harmonisieren, und den in den Wissenschaften benutzten Logiken dürfte darin bestehen, daß die "Regeln" der Laientheorien ihren Benutzern in der Regel nicht bewußt sein dürften und damit ihrem Zugriff entzogen sind.

Der Prozeß des Schließens auf Grund von Laientheorien ist ausführlich von *Sarbin, Taft* und *Bailey* (1960) untersucht worden. Sie unterscheiden sechs Hauptschritte im Schlußverfahren:

> "1) The postulate system of the judge . . . , his tacit or explicit premises (for example, team sports require cooperation; cooperative people tend to have many friends).
>
> 2) A syllogistic major premise, derived from the postulate system (for example, people who enjoy team sports tend to be cooperative).
>
> 3) Search for and observation of occurences relevant to the major premise (for example, Jack plays football).

4) Instantiation or conversion of an occurrence into an instance of a general class (for example, football is a team sport).

5) Inferential product or conclusion (for example, Jack is probably cooperative).

6) Prediction (for example, Jack probably has many friends)" (zitiert nach *Tagiuri* 1969, S.416).

Die Laientheorien steuern nicht nur Voraussagen über Ereignisse, über das Verhalten von Mitmenschen in bestimmten Situationen, sondern auch das Verhalten ihrer Träger selbst. Insofern bieten die Laientheorien der Individuen einen Ansatzpunkt, Theorien über Verhalten zu bilden, allerdings kaum in der Weise, daß speziellen Verhaltensweisen spezielle Laientheorien zugeordnet werden, sondern eher in der Analyse allgemeiner Steuerungsmechanismen. Bei einem solchen Ansatz begegnet der Sozialwissenschaftler zum Teil den gleichen Schwierigkeiten wie der Laientheoretiker, wenn dieser etwa zu Schlüssen über einen Interaktionspartner oder Gegner kommen will: Die Laientheorien des anderen sind nicht direkt beobachtbar. Das mag uns Laientheorektikern nicht so bewußt sein, wie es den Sozialwissenschaftlern sein sollte, da uns u.a. unsere Sprache etwa in der Grammatik von "Emotionen", unsere Sozialisation im Umgang mit Menschen, schlicht unsere Vertrautheit mit Menschen, die dem Wissenschaftler als Nicht-Laientheoretiker fehlt, einen direkteren Zugang zum "Innenleben" des anderen zu eröffnen scheinen. Das Bewußtwerden des hypothetischen Charakters seiner kognitiv-affektiven Konstruktionen über seine Mitmenschen – wie auch über sich selbst – dürfte deshalb dem Laientheoretiker einige Schwindelgefühle bereiten. Unter Umständen könnte die Genese von Schizophrenien als die Entwicklung ambivalenter Laientheorien dargestellt werden, die zu diskrepanten Erwartungen an sich selbst oder die Umwelt führt, ohne daß die Inkonsistenz von Postulaten erkennbar und behebbar ist.

Laientheorien sind nicht allein Produkte des Einzelnen, sondern beruhen zum Teil auf tradierten Konzepten, auf Ansichten, die in der Interaktion und im Vergleich mit anderen "validiert" werden (vgl. die einschlägigen Arbeiten von *Festinger, Newcomb, Schachter* u.a. in Kap. V). Bei der Analyse dyadischer Interaktion sind deshalb nicht nur die individuellen Laientheorien von Bedeutung, sondern auch jene, die sich in der Dyade durch Kommunikation und Anpassung als gemeinsame Laientheorien entwickeln. Die Entwicklung dieser "Theorien" die es den Beteiligten ermöglichen, Handlungen *gegenseitig* zu antizipieren, wird in Kap. V unter dem Stichwort "Kongruenz" näher erörtert werden.

Forschungen zur Antizipation des Verhaltens anderer, zu Urteilen über Einstellungen und Gefühle anderer werden in der Literatur häufig unter dem Begriff "Empathie" durchgeführt. Mit Empathie soll die Fähigkeit eines Individuums bezeichnet werden, über ein anderes Individuum Aussagen in bezug auf sein zu erwartendes Verhalten, seine Einstellungen und Gefühle zu machen. *Vernon* und *Stewart* (1957) messen in einer Untersuchung von

Paaren Empathie durch die Genauigkeit, mit der die Beteiligten die Befriedigung bestimmen können, die ihr jeweiliger Partner aus einem Kontakt mit ihnen erhält. Sie stellen fest, daß die Empathie der Untersuchten um so größer ist, je häufiger Kontakte in den Dyaden stattgefunden haben. Dabei dürfte nicht die Kontakthäufigkeit selbst den entscheidenden Faktor darstellen, sondern die Menge von Informationen ausschlaggebend sein, die die Individuen auf Grund von Kommunikation und Beobachtung über ihre Interaktionspartner während der Kontakte sammeln können. Diese Informationen "verarbeitet" das betreffende Individuum zu einer Laientheorie über seinen Partner. Da das Individuum während eines einzelnen Kontaktes jeweils ein "Sample" von Eindrücken[10] über sein Gegenüber erhält, kann eine zur Prognose taugliche "Theorie" erst im Verlauf wiederholter Kontakte aufgebaut werden.

Wie Eindrucks-Samples vom "Sender" gegenüber unterschiedlichen Empfängern arrangiert werden können, ist in einem Essay von *Goffmann* (1959) beschrieben worden. Daneben liegen eine Anzahl empirischer Untersuchungen vor, die eine Reihe von Faktoren erbringen, die die Aussendung von "Eindrücken" beeinflussen (vgl. etwa *Gergen* 1965). *Gergen* und *Wishnow* (1965) finden z.B., daß Personen sich gegenüber anderen ungünstiger präsentieren, wenn sie weiter Kontakte mit den Betreffenden erwarten, als dann, wenn es sich um eine einmalige Begegnung handelt. Gegenüber Individuen, die von sich selbst überzeugt zu sein scheinen, stellen sich Individuen häufig positiver dar als gegenüber Personen, die sich selbst herabsetzen.

Je konsistenter die Informationen eines Eindrucks-Samples in sich selbst und im Vergleich zwischen Samples über eine bestimmte Person sind, um so zutreffender dürften die Schlüsse sein, die über das Verhalten dieser Person gezogen werden können, desto schneller, etwa gemessen an der Zahl der Kontakte, dürfte ein bestimmter Grad an Empathie erreicht werden. Die Konsistenz zwischen den Samples dürfte sich erhöhen, je schneller die Kontakte in der Zeit aufeinander folgen. Die Samples dürften dadurch vergleichbarer werden, Wahrnehmungen aus verschiedenen Lebensbereichen der beobachteten Person können besser miteinander verbunden werden, Schwankungen in den Eindrücken leichter bestimmten Ursachen zugeschrieben werden. So stellen *Vernon* und *Stewart* fest, daß die Empathie nicht nur mit der absoluten Kontakthäufigkeit, sondern auch mit der Kontakthäufigkeit pro Zeiteinheit steigt. In der Untersuchung finden sich allerdings keine Angaben darüber, ob die Einflüsse der beiden Raten statistisch voneinander separiert worden sind.

Auf Grund der Ergebnisse von *Vernon* und *Stewart* wollen wir folgenden allgemeinen Satz aufstellen:

---

10) Das Konzept des Eindrucks-Samples übernehmen wir von *Thibaut* und *Kelley* 1959, S.65ff., die es in Anlehnung an die statistische Lerntheorie entwickeln.

Theorem E 1: Je größer und je konsistenter die Informationsmenge ist, die ein Individuum über ein anderes erhält, desto zutreffender fallen die Urteile aus, die das Individuum aus ihr über das andere Individuum zieht.

Empathie hängt damit von zwei Faktoren ab: a) der Reichhaltigkeit und Konsistenz der Eindrucks-Sample und b) der Verarbeitungskapazität des urteilenden Individuums. Dies bestätigt eine Untersuchung von *Foa* (1958).

Theorem E 1 stellt eine Formulierung auch für Beobachtungen dar, die nicht unter die übliche Formulierung von Empathie fallen. *Kräupl Taylor* (1956) stellt fest, daß mit steigender Kontakthäufigkeit und damit in der Regel steigender Informationsmenge die Fähigkeit der beteiligten Individuen zu wachsen scheint, zutreffende Urteile über die Eindrücke zu geben, die sie selbst auf ihre Partner machen. *Foa* qualifiziert das Ergebnis von *Kräupl Taylor* durch die Feststellung, daß Individuen anscheinend leichter in die Lage versetzt werden können, die Einstellungen anderer Personen einzuschätzen als wahrzunehmen, wie die eingeschätzte Person sie selbst wahrnimmt (*Foa* 1958a).

Der Einfluß der Konsistenz einer gegebenen Informationsmenge auf die Empathie zeigt sich deutlich in einer Untersuchung von *Brewer* und *Brewer* (1968). Die beiden Autoren fanden, daß die Genauigkeit der interpersonalen Wahrnehmung nur dann mit dem Ausmaß der Kommunikation und der darin ausgetauschten Informationsmenge zunimmt, wenn die dyadische Situation balanciert ist. Nur balancierte Strukturen ermöglichen es dem Individuum, aus den gespeicherten Informationen zutreffende Prognosen über das Verhalten und die Einstellungen des anderen zu machen. Liegt eine unbalancierte Struktur mit starken L-Relationen vor, so ist eine Verzerrung der Wahrnehmung der Einstellungen des anderen, die zur Balance führt, wahrscheinlich. Im übrigen lassen nicht-balancierte Strukturen, etwa nach den Regeln der Psycho-Logik, keine eindeutigen Schlüsse zu. Unter der Annahme, daß Balance-Tendenzen sowohl die Verarbeitung der Wahrnehmung über Einstellungen und Verhaltensweisen von anderen steuern wie auch die Strukturierung der Einstellungen und Verhaltensweisen der anderen selbst, fällt dem Balance-Mechanismus eine Koordinierungsrolle zwischen den Einschätzungen des einen und dem Verhalten des anderen Individuums zu. Sind die Strukturen unbalanciert, so können Einschätzungen und tatsächliche Sachverhalte eher auseinanderfallen.

In der interpersonalen Wahrnehmung dürften drei Strukturen von Bedeutung sein. Eine davon besteht in der mehr oder minder vollständig und genau wahrgenommenen Struktur der von einem Individuum beobachteten Person. Die zweite Struktur wird aus den Einstellungen und Beziehungen gebildet, die - schon - beim Individuum vorhanden sind. Die dritte Struktur kann als das Produkt der beiden anderen Strukturen gedacht werden, die durch Kontakt zwischen den beiden Personen entsteht. Für die Dyade erhalten wir damit sechs analytisch unterscheidbare Strukturen. Neben seiner eigenen – schon vorhandenen Struktur – bildet das Individuum auf Grund seiner Wahrnehmungen die Struktur des anderen Individuums " in sich" ab. Die Struktur des anderen wird dabei nicht nur durch die Wahrnehmung, sondern auch durch die bereits vorhandene Struktur transformiert. Wir wollen behaupten, daß die bestehende Struktur des Individuums bei der Strukturierung der Wahrnehmungen des anderen als Modell dient. Dieses Modell dient als Hypothese des Individuums, welche Informationen zu erwarten sind, in welcher Weise unvollständige Strukturen, die sich aus den Eindrucks-Samples ergeben, zu ergänzen sind, welche Relationen zwischen einzelnen wahrgenommenen Elementen bestehen können. Durch die Verwendung der eigenen Struktur als Modell für die des anderen Individuums werden Ähnlichkeiten erzeugt, die, wie wir sehen werden, für die Entwicklung der Dyade von entscheidender Bedeutung sein dürften. Ein einfacher Testansatz für unsere Behauptung könnte folgender sein: Bei einem Individuum stehen die Elemente E_i (i = 1, 2, . . . n) in positiver Relation. Die subjektive Wahrscheinlichkeit, daß ein Element E_k bei einem anderen Individuum vorhanden ist, wird um so größer, je mehr Elemente E_i ($i \neq k$) bei ihm beobachtet werden. Also:

(13) $$P(E_k|E_i) < P(E_k|E_i, E_j)$$

Die Untersuchungsanordnung könnte der von *De Soto* und *Kuethe* (1959) entsprechen. Schwierigkeiten dürften – wie immer – bei der Feststellung entstehen, was Element und was Relation in einer "Struktur" ist, welchen Umfang eine Struktur besitzt.

Für unsere Vermutung, daß die eigene Struktur eines Individuums als "Mutmaßlichkeitsmodell" (dieser Terminus stammt von *Langer* 1962, S.152) für die Struktur eines anderen verwandt werden könnte, sprechen keine Untersuchungsergebnisse direkt. Einige empirische Forschungen dürften jedoch unsere Behauptung nicht als gänzlich unzutreffend erscheinen lassen. So wurden in zwei Untersuchungen (*Stotland, Zander* und *Natsoulas* 1961; *Burnstein, Stotland* und *Zander* 1961) eine allgemeine Tendenz zur Generalisierung von Ähnlichkeiten nachgewiesen. Die Forscher beobachteten, daß Individuen, die Gemeinsamkeiten untereinander feststellen, dazu tendieren, weitere Ähnlichkeiten zu erwarten. Diese Tendenz ist für verschiedene Personengruppen unterschiedlich stark ausgeprägt. Die zunächst beobachteten Ähnlichkeiten, FSA (first similar attributes), können auf zwei Weisen zur Erwartung weiterer Ähnlichkeiten, DSA (derived similar attributes), führen: durch Projektion weiterer eigener Eigenschaften auf den anderen und durch Introjektion weiterer beobachteter Eigenschaften des anderen, die ein Individuum bis dahin nicht besaß. Je mehr FSA beobachtet werden, um so größer scheint die Tendenz zu sein, DSA zu projektieren und zu introjektieren. Nach den Autoren können diese Feststellungen Grundlage einer Theorie von Identifikationsvorgängen darstellen.

Bevor wir weiter auf Wahrnehmungsvorgänge in der Dyade eingehen, sollen nun kurz die Ergebnisse der Untersuchungen zum Zusammenhang zwischen Attraktion und Ähnlichkeit referiert werden, da dieser zusammen mit der Wahrnehmung von Ähnlichkeiten einen wichtigen Teilprozeß in der Entwicklung engerer dyadischer Beziehungen darstellen dürfte. Die Vielzahl der Untersuchungen zu diesem Zusammenhang kann in ihrem Hauptergebnis wie folgt zusammengefaßt werden: Je ähnlicher zwei Personen, die miteinander in Kontakt stehen, in ihren Einstellungen sind, um so wahrscheinlicher findet zwischen ihnen eine interpersonale Attraktion statt. Es würde zu weit führen, den Design der einzelnen Forschungen hier zu referieren, die sich in vielfältiger Weise (Art der Kontaktherstellung, Untersuchungspersonen, Items etc.) unterscheiden. Belegkräftig für die genannte Beziehung dürften etwa folgende Arbeiten sein: *Preston, Peltz, Mudd* und *Froscher* 1952, *J.R.Davitz* 1955, *Berkowitz* und *Howard* 1959, *Burdick* und *Burnes* 1958, *Izard* 1960b, *Byrne* 1961c, *Byrne, McGraw* 1964. Die Beziehung zwischen Attraktion und Ähnlichkeit kann zumindest auf drei Arten zustande kommen, über Anpassung der Einstellungen oder Verzerrung der Wahrnehmung bei vorhandener Attraktion oder Entwicklung von Attraktion bei vorhandener Ähnlichkeit. Alle drei Vorgänge können als Balancierungs-Vorgänge angesehen werden.

Die dritte Form der Beziehung zwischen Attraktion und Ähnlichkeit ist von *Donn Byrne* und anderen weiter präzisiert worden. Sie fanden eine lineare Beziehung zwischen dem Grad vorgegebener Ähnlichkeit (Y) und Attraktion (A) von der Form:

(14) $$A = a + bY$$

in folgenden Untersuchungen: *Byrne* und *Nelson* 1965, *Griffitt* 1966, *Byrne, Griffitt* und *Stefaniak* 1967. Die Regressionsanalyse ergab in der Arbeit von *Byrne* und *Nelson* die Gleichung $A = 6{,}62 + 5{,}44\ Y$. Die Skala der Attraktion reicht von 2 bis 14 Punkte, der Grad der Ähnlichkeit konnte Werte zwischen 0 und 1 annehmen. *Byrne, Griffitt* und *Stefaniak* berichten von einer Untersuchung mit ähnlichen Koefizienten. Es ist bisher noch nicht versucht worden, die Werte in (14) über mehrere Untersuchungen zu schätzen und mit externen Faktoren in Beziehung zu setzen.

Der Grad der Ähnlichkeit wird in den Untersuchungen als die prozentuale Übereinstimmung bei Einstellungs-Items aus vorgegebenen Listen definiert[11]. Die absolute Zahl von Übereinstimmungen hatte keinen Einfluß auf die Attraktion. In der Sprache der Theorie der strukturellen Balance kann der Zusammenhang zwischen Ähnlichkeit und Attraktion als Maximierung der lokalen, limitierten Balance von Grad 3 durch "Vervollständigung" der L-Relationen beschrieben werden. Die Elemente der Strukturen werden dabei durch die beiden Subjekte und die Items der Liste gebildet.

Die lineare Beziehung zwischen dem Grad der Ähnlichkeit und Attraktion, die von *Byrne* und Mitarbeitern als "law of attraction" bezeichnet

11) Ein Maß für die Ähnlichkeit zweier kognitiver Strukturen findet sich in graphentheoretischer Formulierung bei *Harary* 1964.

wird, konnte in einigen Untersuchungen weiter qualifiziert werden (*Byrne* und *Rhamey* 1966, *Byrne* und *Griffitt* 1966, *Clore* und *Baldridge* 1968). Durch Gewichtung der Items der Listen konnte eine bessere Anpassung der Regressionslinien an die beobachteten Werte erreicht werden. *Clore* und *Baldrige* teilten nach Angaben der Untersuchten die Objekte der zu vergleichenden Einstellungen in "interessante" und "uninteressante" auf. Eine Gewichtung der interessanten Objekte mit dem Faktor 3 und der uninteressanten Objekte mit dem Faktor 1 ergab die beste Anpassung an die Daten. Es wurden dieselben Skalen wie in der Untersuchung von *Byrne* und *Nelson* benutzt. Aufgrund der genannten Untersuchungen kann ein "erweitertes Gesetz der Attraktion" formuliert werden:

$$(15) \qquad A = a + bY'; \quad Y' = \frac{\sum_{i=1}^{n} (P_i \times M_i)}{\sum_{i=1}^{n} (P_i \times M_i) + \sum_{j=1}^{m} (N_j \times M_j)}$$

P_i (i = 1, 2, . . . n) = übereinst. Einstellung
N_j (j = 1, 2, . . . m)= nichtübereinst. Einstellung
M_i, M_j = Gewichte

Für die Untersuchung von *Clore* und *Baldrige* ergab die Regressionsanalyse A = 4,46 + 6,55 Y. In allen Untersuchungen fiel die Schätzung des konstanten Glieds in (14) bzw. (15) relativ hoch aus. Das kann einmal eine Schwäche des Attraktionsmaßes darstellen. Die Subjekte wurden gebeten, auf einer 7-Punkte-Skala jeweils anzugeben, "how well they felt they would like this person" und "whether they believed they would enjoy working with him (or her) as a partner in an experiment" (*Byrne* 1961c, S.714). Die beiden Skalen wurden zu einer 2 – 14 Punkte kombiniert. Zum anderen könnte sich darin ein – kultureller – Bias niederschlagen, der uns schon bei der beobachteten Tendenz zur Positivität begegnet ist.

In der Untersuchung von *Byrne* und *Rhamey* (1965) wurde versucht, die Attraktion zwischen zwei Personen auf zwei Weisen zu beeinflussen. Neben den Einstellungen eines Individuums wurden den Untersuchten Bewertungen ihrer Eigenschaften durch das Individuum vorgelegt. Es zeigte sich, daß positive Bewertung weit höhere Attraktion erzeugt als die Ähnlichkeit von Einstellungen. Auch hier fand sich eine lineare Beziehung, die durch (15) dargestellt werden kann. *Byrne* und Mitarbeiter verallgemeinern den Einfluß von Ähnlichkeiten und positiven Bewertungen auf Attraktion so, daß Attraktion eine lineare Funktion des Verhältnisses der Summe aller positiven, gewichteten "Belohnungen" (reinforcements) zur Summe aller positiven und negativen, gewichteten Belohnungen ist, die ein Individuum dem anderen vermittelt. Diese Belohnungen sollen in der Bestätigung oder Erhöhung der Selbst-Einschätzung des Individuums durch den Bewerter bestehen. Wir werden in Kapitel V eingehender untersuchen, inwieweit die Motivation der Bestärkung der Selbst-Einschätzung und ihr entsprechende

Belohnungen durch eine Person eine allgemeine Erklärungsgrundlage für Attraktion darstellen können, unter die sowohl Ähnlichkeiten der Einstellungen wie positive Bewertungen von Eigenschaften als speziellere Fälle subsumiert werden können.

Die schon zitierten Untersuchungen von *Preston* u.a. 1952, *Davitz* (1955) und *Broxton* (1963) ergaben, daß nicht die tatsächliche Ähnlichkeit zwischen zwei Personen ausschlaggebend für den Grad ihrer Attraktion ist, sondern der Einfluß von den wahrgenommenen bzw. abgeleiteten Ähnlichkeiten ausgehen dürfte. Dabei dürfte die Modell-Struktur, aus der Ähnlichkeiten abgeleitet werden, nicht als Selbst-Ideal aufgefaßt werden können. *Griffitt* (1966) stellte fest, daß Ähnlichkeiten zwischen den Selbst-Idealen zweier Personen keine größere Bedeutung für die Entwicklung von Attraktionen zwischen ihnen zukommen dürfte. Die tatsächlichen Ähnlichkeiten zwischen zwei Personen spielen natürlich insoweit auch eine Rolle, als sie in mehr oder minder großem Maße Grundlage wahrgenommener Ähnlichkeit darstellen.

Eine Reihe von Untersuchungen zeigt, daß die Ähnlichkeit zwischen zwei Personen von diesen häufig überschätzt wird (*Luckey* 1960, *Byrne* und *Blaylock* 1963, *Levinger* und *Breedlove* 1966). Das kann auf Balance-Anpassung an eine bereits bestehende positive L-Relation beruhen. Je geringer dabei die Ähnlichkeit und je größer die bestehende Attraktion ist, um so größere Abweichungen können zwischen wahrgenommener und tatsächlicher Ähnlichkeit erwartet werden (*Brewer* und *Brewer* 1968). Eine Überschätzung der Ähnlichkeiten zwischen zwei Personen kann sich daneben auch aus der Ergänzung und Erweiterung von Ähnlichkeiten ergeben, die wie wir annehmen, unter Wahrung der Balance an der Struktur der wahrnehmenden Personen ansetzen. *Burnstein, Stotland* und *Zander* (1961) vermuten noch weitergehend, daß abgeleitete Ähnlichkeiten (DSA) Ausgangspunkte weiterer DSA darstellen können. Das könnte dann der Fall sein, wenn ein Individuum bei hoher Attraktion nur geringe Kontakte zum anderen Individuum besitzt. Kann das Individuum seine "Konstruktionen" über das andere Individuum nicht an dessen Äußerungen überprüfen, so könnte der Balance-Prozeß im Extrem zur Elimination aller unerwünschten und zur Ergänzung aller wünschbaren Eigenschaften führen. Eine solche Idealisierung des anderen könnte ihrerseits zu Kontaktstörung und zur Kontaktvermeidung führen.

Wir haben gesehen, daß u.a. besonders Ähnlichkeiten in den Einstellungen zweier Personen Attraktionen fördern und hervorrufen dürften. Die Wahrnehmung von Ähnlichkeiten speist sich nach unseren Annahmen aus zwei Quellen: Beobachtung und Kommunikation auf der einen, Ableitung und Ergänzung auf der anderen Seite. Das Verhältnis dieser beiden Prozesse wollen wir im folgenden Theorem hypothetisch festlegen:

Theorem E 2: Je ähnlicher die (Einstellungs-) Strukturen zweier Personen sind, desto weniger Informationen übereinander bedürfen sie, um zu genauen gegenseitigen Einschätzungen zu gelangen, um so schneller gelangen sie, gemessen an der Zahl der Kontakte, zu genauen Einschätzungen.

Folgende Einzelschritte führen zu dieser Formulierung:

1) Je ähnlicher die Strukturen zweier Personen sind, um so ähnlicher dürften die Abbildungen auf Grund von Wahrnehmungssamples den eigenen Strukturen sein.

2) Je ähnlicher Abbild und Struktur sind, um so eher wird die eigene Struktur als Modell des anderen verwendet werden.

3) Je zutreffender Ableitungen aus dem Modell sind, um so weniger braucht das Individuum bei gegebenen Informationsstand weitere Informationen.

Die Bedeutung des Theorems E 2 ist darin zu sehen, daß es zur Hypothese führt, daß die Chance zweier Personen, wenn sie einmal in Kontakt getreten sind, weiter in Kontakt zu bleiben, größer ist, wenn sie einander ähnlich sind, als wenn sie einander unähnlich sind. Je ähnlicher Kontaktpersonen einander sind, um so eher dürften balancierte Situationen entstehen bzw. auf Grund von Eindrücken und Ableitungen erwartet werden, so daß weitere Kontakte von den Beteiligten zumindest nicht als mit Stress verbunden empfunden werden dürften.

Thibaut und *Kelley* (1959) schreiben den ersten Eindrücken, die zwei Personen voneinander erhalten, entscheidende Bedeutung für die Entwicklung engerer dyadischer Beziehungen zu (ebenso *Blau* 1964, S.71ff.).

> "This early interaction may be viewed as a process of exploring the matrix, of learning its values, by 1) *experiencing samples of outcomes* in various parts of the matrix as a basis making inferences about its present adequacy and 2) *forecasting trends* in the outcomes and, in particular, evaluating their stability" (*Thibaut, Kelley* 1959, S.65). ". . . there is some evidence that early information about a person provides a core of meaning to which later information is more or less assimilated" (ibidem, S.75).

Die Matrix, von der *Thibaut* und *Kelley* sprechen, wird durch die möglichen "Aktivitäten" der beiden Personen gebildet (vgl. dazu weiter unsere Ausführungen in Kap. 7, S. 85ff.).

Auf die ersten Eindrücke bauen sich erste Erwartungen auf und die "Entscheidungen" darüber, ob Kontakte fortgesetzt werden, in deren Verlauf genauere Informationen gewonnen werden können. Je mehr sich aus den ersten Eindrücken eine der des Empfängers ähnliche Struktur ergibt, um so günstiger dürften weitere Kontakte bewertet werden, die beginnende Attraktionen verstärken können. Wir gehen davon aus, daß in interpersonalen Beziehungen die ersten Eindrücke "primacy effects" haben, also die Selektion und Strukturierung weiterer Eindrücke beeinflussen. Ein "primacy effect" dürfte vor allem dann auftreten, wenn Wahrnehmungen sich auf Objekte beziehen, die bis dahin unbekannt sind (vgl. *Luchins* 1957a, *Luchins* 1957b, vgl. auch *Mc David* und *Harary* 1968, S.181)[12]. Für die Entwicklung der Dyade dürfte es daher von Bedeutung sein, wie repräsentativ das Sample der ersten Eindrücke für die Gesamtheit der Eindrücke ist, die eine Person im Verlauf einer dyadischen Beziehung vermitteln kann. Je weiter etwa erste Eindrücke auf Grund besonderer Situationen von "mittleren" Eindruckswerten entfernt liegen, um so schwieriger dürften sich nachfolgende Kontakte gestalten, wenn die zunächst gebildeten Erwartungen enttäuscht werden bzw. um so geringer dürften u.U. die Chancen weiterer Kontakte sein. Ähnlichkeit zweier Kontaktpersonen dürfte bewirken, daß die Beteiligten relativ schnell ein konsistentes, genaues und positives Bild voneinander gewinnen. Dadurch dürfte jener Zustand begünstigt sein, den *I.L.Reiss* (1960) als Eingangsstadium engerer dyadischer Beziehungen ansieht und mit der Bezeichnung "rapport" belegt, der sich vor allem durch die "Leichtigkeit" des Umgangs der beiden Personen miteinander auszeichnen soll.

Die Rolle der Ähnlichkeit als "Starthelfer" für die Beziehung zwischen zwei Personen dürfte u.U. auch von dritten Personen übernommen werden, zu denen die beiden Beteiligten in positiver Beziehung stehen. Dies dürfte jedoch nur solange gelten, als die bestehenden Attraktionen zur dritten Person eine gewisse Stärke nicht überschreiten. Auf diese mögliche Einschränkung der *Heiderschen* Theorie machen *J.Berger* u.a. (1967, S.105) aufmerksam. Sind die Relationen zweier Individuen zu einem bestimmten, konkreten Objekt Besitzbeziehungen – und das dürfte in einigen Fällen auch auf "Liebesbeziehungen" zutreffen –, so dürfte die Struktur nicht unbedingt zur Balance mit drei positiven Relationen tendieren. Führen positive L-Relationen zu einer dritten Person zur Entwicklung positiver balancierter dyadischer Beziehungen, so dürften Verzerrungen der Wahrnehmungen wahrscheinlich sein.

Ähnlichkeiten zwischen zwei Personen oder Gruppen von Personen können in vielerlei Hinsichten festgestellt werden: als tatsächliche oder wahrgenommene Ähnlichkeiten, als Ähnlichkeiten von Selbstidealen, als Ähnlichkeiten von Einstellungen oder Bedürfnissen, als Ähnlichkeiten der Einschätzungen durch Gruppen etc. Von all diesen Möglichkeiten erbringen die empirischen Forschungen mit einigen Ausnahmen relativ gesicherte Hinweise nur auf den Einfluß von wahrgenommenen Ähnlichkeiten in den Einstellungen (etwa in der Operationalisierung von *Byrne* u.a.) auf die Bildung von Bekanntschaften, Freundschaften und intimeren Beziehungen. Messungen mit "*Edwards'* Personal Preference Schedule" (PPS) (vgl. *Edwards* 1954), die auch in Untersuchungen zur Theorie der komplementären Bedürfnisse (vgl.Kap.VI) verwandt werden, erbrachten zwischen Freunden keine größeren Ähnlichkeiten als zwischen sonstigen Personen (*Mehlmann* 1962). Untersuchungen

---

12) *Byrne, Lamberth, Palmer* und *London* (1969) berichten, daß "recency effects" in Sequenzen von Reizen, die Attraktion nach sich ziehen sollen, dann auftreten, wenn die Sequenzen unterbrochen werden mit der Aufforderung, über die Reaktionen auf die Reize nachzudenken.

mit demselben Instrument in heterosexuellen Dyaden fanden als einzige signifikante Übereinstimmung zwischen zwei Personen ein Bedürfnis nach heterosexuellen Partnern (*Banta* und *Hetherington* 1963, *Murstein* 1961). Auch in bezug auf Selbstideale und Selbsteinschätzungen, die sich nicht nur auf Attitüden beschränken, konnte kein Zusammenhang zwischen Ähnlichkeit und Attraktion festgestellt werden (*Griffitt* 1966, *N.Miller* u.a. 1966)[13].

Ein Grund für die besondere Einflußstärke der Ähnlichkeit von Einstellungen gegenüber anderen Ähnlichkeiten mag darin liegen, daß Personen am schnellsten Zugang zu den Einstellungen eines anderen gewinnen und in den Experimenten zu einem großen Teil nur kurzfristige Kontakte mit Fremden untersucht werden. In einer Untersuchung von *Jourard* und *Lasahow* (1958) zeigte sich, daß Individuen am ehesten bereit sind, Informationen über ihre Einstellungen auszutauschen, sich dagegen - möglicherweise durch kulturelle Schamschwellen bedingt - zurückhaltender über ihre " Persönlichkeit " und ihren Körper äußern. Ähnlichkeit in den Einstellungen zu verschiedenen Objekten und Themenbereichen könnte dazu führen, daß die Individuen relativ schnell Gesprächsthemen und gemeinsame Interessen finden, ohne durch größeren Dissens gestört zu werden. Ähnlichkeiten in den Einstellungen könnten also relativ schnell ein "common universe of discourse" erzeugen, die Kontaktbereitschaft der Individuen fördern und auf die Dauer zu intimeren Informationsaustausch über den Bereich von Einstellungen hinaus führen. Einstellungsähnlichkeit hat für die Subjekte also nicht nur belohnenden Charakter, auf den wir weiter unten näher eingehen, sondern wirkt auch " erleichternd " auf die Aufnahme von Beziehungen.

Wir werden später sehen, daß die gegenseitigen Belohnungen, die die Attraktionen zwischen zwei Individuen bewirken, im Laufe einer Beziehung von Einstellungsähnlichkeiten zu anderen Faktoren verlagert werden können. In diesen Rahmen könnte ein Forschungsergebnis von *Rosenfeld* und *Jackson* (1965) gehören, die feststellen, daß ein Zusammenhang zwischen Ähnlichkeit und Attraktion mit der Dauer der Bekanntschaft zwischen zwei Individuen immer weniger sichtbar bleibt. In die gleiche Richtung scheint eine Schlußfolgerung von *Kerckhoff* und *Davis* (1962) auf Grund einer Untersuchung zur Theorie komplementärer Bedürfnisse zu zielen. Die Autoren vermuten, daß die Ähnlichkeit von Einstellungen eher einen Attraktionsfaktor in der frühen Entwicklung eines Paares darstellt, während sich die Stabilisierung zu langanhaltenden Beziehungen eher auf Grund anderer Faktoren vollzieht, nach Meinung der beiden Forscher etwa auf Grund von komplementären Bedürfnissen. Wir wollen die geschilderten Sachverhalte in der folgenden Hypothese festhalten:

Theorem E 3: Je häufiger zwei Individuen in Kontakt stehen und je mehr Informationen sie über sich untereinander ausgetauscht haben, um so unab-

---

13) In der Untersuchung von *Miller* u.a. wurden befreundete Personen von der größeren Gruppe als ähnlich eingeschätzt.

hängiger werden Attraktion und Einschätzungsgenauigkeit von der Einstellungsähnlichkeit zwischen den beiden Individuen.

Die meisten Untersuchungen über "attitude similarity", die Korrelationen zwischen Ähnlichkeiten und Bildung von Freundschaften, soziometrischen Wahlen, Zuneigungserklärungen etc. erbringen, bedienen sich in der Regel studentischer Erstsemester als Untersuchungspersonen, ein Umstand, der der Generalisierbarkeit nicht eben förderlich sein dürfte. Diese Studenten zeichnen sich neben erwünscht mangelhaften Kenntnissen in psychologischer Experimentierpraxis durch fehlende gegenseitige Bekanntschaft aus. In diesen unstrukturierten Situationen dürfte die Ähnlichkeit von Einstellungen als Selektionsfaktor für engere Bekanntschaften und als Erzeuger erster Sympathiekundgebungen voll zur Geltung kommen. Um die Selektionswirkung von Ähnlichkeiten, ihren Einfluß auf die Entstehung von Attraktionen zu prüfen, führten *Hoffmann* und *Maier* (1966) eine Untersuchung mit folgendem Ansatz durch: Aus den Versuchspersonen wurden zwei Gruppen so gebildet, daß in der einen Gruppe die Einstellungen der Gruppenmitglieder homogen, die Einstellungen in der anderen Gruppe heterogen waren. Nach einer Kontaktphase wurden die paarweisen Attraktionen in beiden Gruppen gemessen und für jede Gruppe ein Gesamtscore gebildet. Zwischen den beiden Werten zeigte sich kein signifikanter Unterschied. Die Autoren schließen daraus, daß ein Zusammenhang zwischen Attraktion und Ähnlichkeit durch ihre Untersuchung nicht bestätigt werden konnte. Dieser Schluß dürfte dann nicht gerechtfertigt sein, wenn sich zeigen ließe, daß nicht Ähnlichkeit an sich, sondern die relative Ähnlichkeit einer Person zu einer anderen im Vergleich mit einer dritten, ggf. unter Berücksichtigung von Schwellenwerten paarbildend wirkt. Hierüber kann jedoch nicht die ökologische Korrelation von *Hoffmann* und *Maier* Aufschluß geben, sondern nur eine Analyse der einzelnen Gruppen.

Ob Ähnlichkeit "an sich" oder im Vergleich zwischen mehreren Personen attraktionsfördernd wirkt, kann auf Grund der bisher genannten Untersuchungen nicht entschieden werden. Dafür müßten Forschungen mit systematischen Begrenzungen der Variabilität von Ähnlichkeits-Reizen durchgeführt werden. Die umfangreiche Untersuchung von *Newcomb* (1961) macht jedoch zumindest deutlich, daß die Ähnlichkeit von Einstellungen oder Orientierungen als Kriterium in einem Such- oder Selektionsvorgang dienen kann, bei dem ein Indviduum implizit einen Vergleich zwischen den Ähnlichkeiten verschiedener anderer Individuen in bezug auf es selbst durchführen dürfte. *Newcomb* beobachtet, daß balancierte A-B-X-Systeme nicht so sehr durch Anpassung der Orientierung erreicht werden, sondern durch Wechsel der Bekanntschaften. Mit zunehmenden Informationen über die Mitglieder einer studentischen Wohngruppe, die über den Zeitraum eines Jahres beobachtet wurde, wechselten die Individuen ihre Beziehungen untereinander solange, bis sich relativ ähnliche, balancierte Paare gefunden hatten. *Newcomb* schreibt:

"Degree of pre-acquaintance agreement predicts significantly to pair attraction on late but not on early acquaintance . . . Attraction preferences change in balance-promoting ways as individuals acquire further information about one anothers orientations" (*Newcomb* 1961, S.95-96).

Dieser Ausführung *Newcombs* scheint jedoch Theorem E 3 zu widersprechen, aus dem ein besonderer Einfluß der Einstellungs-Ähnlichkeit zu einem Früh-Stadium der Beziehungen abgeleitet werden kann. Ein wichtiger Unterschied zwischen der Untersuchung von *Newcomb* und denen etwa von *Rosenfeld, Jackson* und *Kerckhoff, Davis* könnte darin gesehen werden, daß die Kontaktmöglichkeiten zwischen den Untersuchten bei *Newcomb* durch das gemeinsame Wohnen in einem Studentenheim für ein Jahr gesichert war, während in den anderen Untersuchungen die Paare sich auf Grund relativ freier Kontakte gebildet haben dürften, bei denen mögliche attraktive "Alternativen" nicht gleichzeitig präsent sind. In der Untersuchung von *Newcomb* werden zudem anfängliche, zufällige Kontakte mit Paarbildungen verglichen, die auf umfänglicheren Informationen beruhen, während in den anderen Untersuchungen relativ "feste" Paare mit unterschiedlich langer Geschichte verglichen werden. Insofern braucht das Ergebnis von *Newcomb* nicht dem Theorem zu widersprechen. Es wäre jedoch sicher interessant, die Entstehung von Attraktionen unter verschiedenen Kontaktbedingungen zu untersuchen etwa mit der Hypothese, daß in freien, institutionell nicht gesicherten Kontakten gewisse Schwellenwerte der Ähnlichkeit für die Aufnahme engerer Beziehungen bedeutsam sind, während Paarbildungen in beständigeren Gruppen oder Organisationen eher auf dem Vergleich verschiedener mehr oder weniger ähnlicher potentieller Partner beruhen. Sicher dürfte sein, daß Einstellungs-Ähnlichkeiten für die Bildung von Dyaden nur in Kulturen eine Rolle spielen dürften, in denen ein mehr oder weniger freier Bekanntschaftsmarkt besteht.

In der vorangehenden Darstellung wurde versucht zu zeigen, daß Empathie weitgehend von Umfang und Konsistenz der Informationen abhängen dürfte, die zwei Individuen über sich austauschen. Die Austauschvorgänge selbst werden näher in Kap.7 untersucht. Die entscheidenden Variablen neben Umfang und Konsistenz sowohl der gesendeten wie der empfangenen Informationen über den Partner dürften Kontakthäufigkeit absolut und pro Zeiteinheit, Strukturierungsvorgaben in Form von Ähnlichkeiten oder bereits bestehenden interpersonalen Strukturen und bereits bestehenden Attraktion zwischen den Subjekten sein. Ähnlichkeit der Einstellungen hat dabei sowohl Einfluß auf die Einschätzungsgenauigkeit, die Weiterführung von Kontakten und die Entwicklung von Attraktionen. Unter den genannten Größen verlangt die Kontakthäufigkeit unsere weitere Aufmerksamkeit. Kontaktchancen und Kontakthäufigkeit sind die Veränderlichen, über die zu einem großen Teil externe Faktoren die Dyade beeinflussen können. Wir werden im nächsten Kapitel zu zeigen versuchen, daß die Verteilung von Kontaktchancen über eine gegebene Population eine der Hauptdeterminanten für Paarbildungen darstellt.

IV Kontakthäufigkeit und Kontaktchance

Kontakthäufigkeit dürfte eine relativ einfach zu messende Variable sein, die gute Prognosewerte für die resultierende Attraktion aus der Beziehung zwischen zwei Personen liefert, auch wenn die intervenierenden Variablen, die zwischen der reinen Kontakthäufigkeit und Attraktion vermitteln dürften, nicht in Betracht gezogen werden. In diesem Sinne vergleichen *Priest* und *Sawyer* (1966) die Prognosekraft von Ähnlichkeit und räumlicher Distanz, die mit Kontakthäufigkeit korrelieren dürfte, für dyadische Attraktionen. So dürften etwa auch die *Homanschen* Thesen über die Beziehung von Interaktionshäufigkeit und Sympathie (*Homans* 1960, S.125ff und 144ff) Geltung beanspruchen, unbeschadet der "Vernachlässigung" von Wahrnehmungsvorgängen, Erwartungshaltungen, Ähnlichkeiten, aus denen sich im Einzelfall der Prozeß der Entwicklung interpersonaler Beziehungen bildet. Das ist darin begründet, daß das Zustandekommen von Kontakten oder Interaktionen in allen Fällen Bedingung der Entwicklung von reziproken Beziehungen sein dürfte. Wir nehmen an, daß Reziprozität in einem näher zu bestimmenden Sinne unter einer Reihe von Bedingungen Voraussetzung für dauerhaftere Beziehungen darstellt. Einseitige Beziehungen oder Attraktionen auf Grund etwa von Fantasie- und Idealisierungsvorgängen müssen hier ausgenommen bleiben.

Aussagen über die Prognosekraft von Variablen müssen unter Berücksichtigung des jeweiligen Erkenntnisziels bewertet werden. Sollen Aussagen über mögliche Paarbildungen in einer größeren Population getroffen werden, so dürfte "Kontaktchance" die günstigere Variable sein, auf die Voraussagen sich stützen können, sollen jedoch Aussagen über kleinere näher beschreibbare Gruppen oder auch einzelne Paare getroffen werden, so dürften eher psychologische Größen in den Vordergrund treten.

Dauerhafte Paarbildung kann als mehrstufiger Selektionsvorgang aufgefaßt werden, in dem Kontaktfindung die Eingangsstufe bildet (vgl.*Kerckhoff* und *Davis* 1962). Wir werden sehen, daß die Determinanten der Verteilung von Kontaktchancen zwischen Gruppen und Einzelpersonen auch weitere Stufen der Bildung von Paar-Beziehungen bestimmt. Obwohl wir es nicht im Detail explizieren, dürften die von uns darzustellenden Zusammenhänge über Dyaden hinaus für größere Gruppierungen Bedeutung besitzen.

Wir hatten im vorigen Kapitel angenommen, daß Kontakthäufigkeit nicht direkt, sondern indirekt über ausgetauschte Informationen Einfluß auf Einschätzungen und Attraktion nimmt. Kontakthäufigkeit dürfte damit eine limitierende Größe in der Entwicklung von Dyaden darstellen. Für bestimmte Stadien der Entwicklung stellen angebbare Frequenzen notwendige, aber nicht hinreichende Bedingungen dar. Eine bestimmte Kontakthäufigkeit führt nicht zwangsläufig zu einem bestimmten Attraktionsgrad, verschiedene Grade der Attraktion entwickeln sich andererseits erst von bestimmten Kontaktfrequenzen an aufwärts. In Abb. Nr.3 soll dieser hypothetische Sachverhalt graphisch verdeutlicht werden.

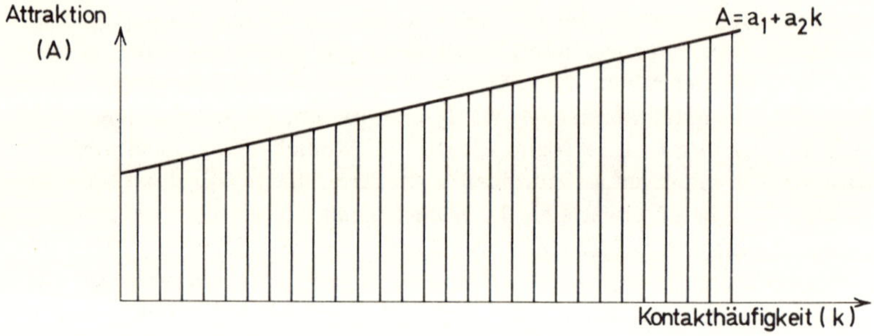

Abb. 3. Kontakthäufigkeit limitiert Attraktion

Da wir keine weiteren Informationen besitzen, nehmen wir in Abb. 3 einen linearen Verlauf an. Da Attraktion jedoch nicht unbegrenzt erhöht werden kann und mit Sättigungserscheinungen zu rechnen sein dürfte, ist auch ein asymptotischer Verlauf nicht unplausibel. Durch die Funktion $A = a_1 + a_2 k$ wird jeder Kontakthäufigkeit ein maximaler Attraktionswert zugeordnet. Die empirische Bestimmung maximaler Attraktionen für jedes k, aus denen die Koeffizienten geschätzt werden könnten, dürfte jedoch einige Schwierigkeiten mit sich bringen. Die Annahme eines konstanten Glieds rechtfertigt sich aus den Untersuchungen von *Byrne* u.a.. Der Zusammenhang müßte auch für negative "Attraktions" -Werte untersucht werden.

Aus der in Abb. 3 eingegangenen Hypothese, daß Kontakthäufigkeit Attraktion limitiert, läßt sich folgende Folgerung ziehen, die wir als Theorem formulieren wollen:

Theorem K 1: Je höher die Attraktion zwischen zwei Personen ist, umso eher ist eine Abschwächung der Attraktion bei Nachlassen der Kontakthäufigkeit zu erwarten.

Aus diesem Theorem könnte etwa gefolgert werden, daß eine gemäßigte Freundlichkeit in Bekanntschaften Kontaktunterbrechungen relativ häufiger in gleicher Höhe überdauern dürften als intensive Liebesbeziehungen. Wenn hohe Attraktion eine beständige gehobene Kontaktfrequenz voraussetzt, dürften u.U. eheliche oder quasieheliche Formen des Zusammenlebens Stabilitätsfaktoren für hohe Attraktionen darstellen, so fern die Beteiligten tatsächlich in der Lage sind, Informationen übereinander und gegenseitige Befriedigungen auszutauschen. Theorem K 1 dürfte bestimmten Mustern literarischer Vorlagen widersprechen, wonach Liebesbeziehungen nur Dank der übergroßen Liebe der Helden eine längere Trennung überdauern. Dies dürfte vielleicht dann der Fall sein können, wenn die Beteiligten ein gewisses Maß an Fantasieleistungen erbringen und fehlenden interpersonalen Austausch in Kontakten durch "Eigenbewegungen" der intrapersonalen Strukturen kompensieren können. Fantasieleistungen dürfen sicher auch im klassischen Fall von Romeo und Julia vorhanden gewesen sein, allerdings wurden die beiden Akteure nicht mehr in die Verlegenheit gebracht, ihre Idealisierungen mit realen Situationen zu konfrontieren. Zur Klarstellung sei darauf hingewiesen, daß Theorem K 1 nicht besagt, daß bei einer gegebenen Höhe der Attraktion eine gewisse Kontaktrate diese unbeschränkt auf gleichbleibender Höhe halte. So dürfte ein langanhaltender Informationsaustausch durchaus auch zu "verborgenen" Inkonsistenzen führen, die die Attraktion herabsetzen, oder Ermüdungserscheinungen hervorrufen.

Theorem K 1 findet durch die Untersuchung von *Priest* und *Sawyer* (1966) eine indirekte Unterstützung. Die beiden Autoren untersuchten über einen Zeitraum von vier Jahren einen Studentenwohnblock. In halbjährlichen Abständen wurden die Attraktionsscores zwischen den Bewohnern verglichen. Dabei ergab sich:

". . higher levels of attraction are more stable (than lower, H.W.) only when they occur between proximate persons; at greater distances, lower levels of attraction are more stable than higher" (*Priest, Sawyer* 1966, S.644).

Nähe bzw. Distanz würde in Raum-, Flur-, und Hauseinheiten gemessen. Es zeigte sich, daß bei Veränderungen der Distanz eine inverse Veränderung des Attraktionsscores erfolgte. Die Attraktionsskala bestand aus sechs Klassen: keine Beziehung, Kennen, miteinander reden, mögen, Freund, bester Freund. Es zeigte sich ferner, daß innerhalb kleinerer Wohneinheiten, etwa Fluren, die verbleibenden Distanzen keinen Einfluß auf Attraktionen hatten, sondern die erklärende Variable die Ähnlichkeit der Bewohner in bestimmten Eigenschaften zu sein schien, während über den gesammten Distanzbereich hinweg räumliche Nähe ausschlaggebend für Attraktion war. Der Effekt der Distanz auf Attraktion führte zu einer Integration der einzelnen Wohneinheit und zur Differenzierung zwischen Wohneinheiten. Im Laufe der Zeit war allerdings eine Abschwächung der Korrelation zwischen Nähe und Attraktion zu beobachten.

Eine Verbindung zu Theorem K 1 ergibt sich dadurch, daß zu erwarten ist, daß Distanz und Kontaktchance und damit auch Kontakthäufigkeit negativ korreliert sind. Distanz dürfte limitierend auf Kontakthäufigkeit wirken. Der positive Effekt räumlicher Nähe auf die Bildung von Bekanntschaften, Freundschaften, Ehen, allgemein Attraktionen ist in der Literatur ausführlich belegt. Die Arbeiten von *Bossard* (1932), *Byrne* (1961a), *Byrne* und *Buehler* (1955), *Caplow* und *Forman* (1950), *Lundberg, Hertzler* und *Dickson* (1949) und *Maisonneuve, Palmade* und *Fourment* (1952) seien hier für andere genannt. Eine ähnliche Untersuchung wie die von *Priest* und *Sawyer* wurde von *Festinger, Schachter* und *Back* (1950) durchgeführt. Untersuchungsgegenstand war eine Siedlung für Studenten am MIT, die neu belegt wurde. Die Autoren fanden, daß die Anordnung von Hauseingängen, Treppen, Fluren, die Lage der Wohnblocks etc. bestimmenden Einfluß auf "passive Kontakte" und damit auf die Bildung von Bekanntschaften und Freundschaften nahm. Als passive Kontakte werden solche Begegnungen bezeichnet, die durch die Lage von Wohnungen oder die Wegführung sich mehr oder weniger zwangsläufig ergeben (a.a.O., S.34). Die Autoren definieren für einzelne Paare von Personen eine "funktionale Distanz", die durch die Zahl der möglichen passiven Kontakte auf Grund der Siedlungsgegebenheiten bestimmt ist. Diese Distanzen bestimmen neben den Attraktionen die Verbreitung von Nachrichten, die von den Forschern ausgestreut wurden, wie auch die Organisation gemeinsamer Aktivitäten. Eine Studie von *Merton* (1948) vor einem ähnlichen Hintergrund erbrachte ebenfalls eine Beziehung zwischen Nähe und Attraktion.

Die Untersuchung von *Festinger* u.a. zeigt, daß unter gewissen Bedingungen die räumliche Verteilung von Personen zwischen ihnen Kontakte erzwingt. Insofern muß unser Satz, daß räumliche Distanz Kontakthäufigkeit limitiere, modifiziert werden. Ähnliche Modifikation müßten auch für institutionell Arrangement wie etwa die Berufsausübung vorgenommen werden[14]. Der Begriff der räumlichen Distanz dürfte nicht ausreichend sein, um die Verteilung der Individuen einer Population in Bezug auf Kontaktchancen ausreichend zu charakterisieren. So zeigt eine Untersuchung von *Hammer* und *Ikle* (1957), daß auch Telefon- und Verkehrsverbindungen berücksichtigt werden müssen. Es reicht also nicht aus, Distanz als die kürzeste Verbindung zwischen zwei Orten, etwa Residenzen oder Kontaktpunkten, im euklidischen Raum zu bestimmen. Ein multiples Distanzmaß, das u.U. auch die zeitliche Verteilung von Aktivitäten der Individuen zu berücksichtigen hätte und das etwa mit der Bezeichnung "physische Erreichbarkeit" belegt werden könnte, ist uns allerdings nicht bekannt.

Kontaktchance und Kontakte werden nun nicht nur durch die physische Erreichbarkeit limitiert bzw. stimuliert, sondern auch durch einen Komplex von Faktoren, der insgesamt als "soziale Erreichbarkeit" umrissen werden kann. *Winch* führt zu diesem Komplex folgende Variable auf: Alter, Rasse, Religion, ethnische Zugehörigkeit, sozioökonomischer Status, formale Erziehung, familiärer Status (*Winch* 1958, S. 4f). Die Studien hierzu werden in der Regel in der Literatur unter den Stichworten "Homogamie", "Endogamie", "assortative mating" zusammgefaßt. Sie sind so umfangreich,

---

14) In diesen Bereich gehören eine Reihe von Untersuchungen, die die Beziehungen zwischen Attraktion und der Stellung der Beteiligten aus bestimmten Status-Dimensionen analysieren. Diese sollen hier nicht referiert werden. Wir verweisen auf *Lott* und *Lott*, 1965, S.266ff.

daß auch sie im folgenden nur im Überblick referiert werden können. Die allgemeinste Feststellung, die sich aus den verschiedenen Studien ergibt, lautet, daß für die meisten sozialen Kategorien, die durch die von *Winch* genannten Variablen differenzierbar sind, Kontaktnormen zu gelten scheinen, die engere Kontakte auf Personen beschränken, die der gleichen sozialen Kategorie angehören. Beschränkungen der Aufnahme von Beziehungen zwischen den Kategorien oder Kategoriemustern scheinen für Heiraten strenger zu sein als für unverbindlichere voreheliche Kontakte. Kombinationen von Kategorien verschiedener Dimensionen dürften verstärkte Selektionswirkungen ausüben.

Die stärksten Kontaktbeschränkungen dürfte - zumindest in den USA - die Hautfarbe den Individuen auferlegen. Nur 0,6 Prozent aller Eheschliessungen in Los Angeles in der Zeit von 1948 bis 1952 fanden zwischen Angehörigen verschiedener Hautfarbe statt (*Burma* 1952). Der starke soziale Druck gegen Ehen zwischen Schwarzen und Weißen wird eindringlich in den Studien von *Golden* (1953 und 1954) dargelegt.

Ebenso gut belegt und ebenso deutlich wie die Restriktionen durch die Hautfarbe sind die Grenzen, die der sozioökonomische Status für mögliche Kontakt- und Heiratspartner zieht. Als Belege seien hier die Untersuchungen von *Burgess* und *Wallin* (1943), *Centers* (1949) und *Hollingshead* (1950) aufgeführt. Nach *Sundal* und *McCormick* (1951) scheint die Selektion geeigneter Kontakt- und Heiratspartner eher vom Status der Kontaktpartner selbst gesteuert zu werden als durch den Status ihrer Eltern. Für Personen, die außerhalb ihrer Statuskategorie Ehen eingehen, ergibt sich nach den genannten Studien folgendes grobes Muster: Männliche Personen tendieren eher dazu unterhalb ihres Status Partner zu suchen, während weibliche Personen entsprechend häufiger Partner aus Statusgruppen oberhalb der eigenen finden.

Der Einfluß der religiösen Orientierung auf die Partnerwahl wird in der Arbeit von *Burchinal* und *Chancellor* (1962a) und in der schon zitierten Untersuchung von *Hollingshead* dokumentiert. *Heer* (1962) vermerkt für Kanada ein Ansteigen der interkonfessionellen Eheschließungen von 5,8 Prozent aller Eheschließungen im Jahre 1927 auf 11,5 Prozent im Jahre 1957. Innerhalb einer räumlich abgegrenzten Bevölkerung wählen Personen umso häufiger Kontaktpersonen außerhalb ihrer religiösen Gruppe, je kleiner der Anteil dieser Gruppe an der Population ist (*Burchinal* und *Chancellor* 1962b, *Locke, Sabagh* und *Thomas (1957). R.H.Coombs* (1962) stellt fest, daß die Beschränkungen religiöser Orientierungen auf die Partnerwahl gelockert werden, wenn die Kontakte nicht vom Elternhaus überwacht werden können. Ähnliches scheint auch für den sozialen Status zu gelten (vgl. *Burchinal* 1964, S.653f).

Die Selektionswirkungen des Alters der Individuen scheinen nicht so eindeutig zu sein wie die der bereits genannten Einflußgrößen. *Bowermann* (1956) stellt für ältere Personen eine größere Variabilität der Altersdifferenzen fest als für jüngere. Daneben konstatiert er eine größere Streuung des Heiratsalters bei Männern als bei Frauen. Während ältere Frauen meist gleichaltrige Männer wählen, scheinen für Männer auch in älteren Jahren jüngere Frauen attraktiv zu bleiben. Allgemein scheinen sich die Heiratschancen für Frauen nach dem 25. Lebensjahr zu vermindern (*Hollingshead* 1951). Insgesamt findet *Glick* (1950), daß die durchschnittliche Altersdifferenz zwischen Ehepartnern in verschiedenen sozialen Schichten zwischen 2,5 und 3,2 Jahren variiert.

Eine größere Zahl weiterer Studien zur Homogamie, die wir nicht eingesehen haben, wird von *Burchinal* (1964, S.645-658) referiert. Weitere Aspekte sozialer Erreichbarkeit, insbesondere in Rollenstrukturen, werden von *Albert* und *Brigante* (1952) diskutiert. Für den interkulturellen Vergleich von Kontakt - und Heiratsmustern verweisen wir auf *Blood* (1967) und *Winch* (1958).

Die Bedingungen für Kontakte, die zu intimeren Beziehungen führen, werden, wie wir sahen, neben der physischen auch durch die soziale gegenseitige Erreichbarkeit gesetzt. Für beide Konditionen zusammen können wir folgendes wichtiges, wenn auch triviales, Theorem formulieren:

Theorem K 2: Je geringer die gegenseitige Erreichbarkeit zweier Personen ist, umso kleiner ist die Wahrscheinlichkeit, daß sie Kontakt zueinander aufnehmen.

Soziale und physische Erreichbarkeit zwischen Individuen variieren nun nicht unabhängig voneinander. Beide Dimensionen sind vielmehr in Mustern des sozialen Zusammenlebens zusammengefaßt. So entspricht einer Differenzierung einer Population etwa nach Hautfarbe oder sozialem Status in Umrissen auch eine räumliche Segregation der Indviduen. Räumliche Nähe von Individuen dürfte unterhalb variabler Schwellenwerte mit sozialer Homogenität oder Ähnlichkeit der Individuen zusammenfallen. Damit dürfte u.U. auch eine Ähnlichkeit der Einstellungen zwischen den Individuen gegeben sein, so daß möglicherweise die Faktoren der Kontaktfindung und Kontaktfortsetzung in "Wirkungsmustern" vereinigt sind.

Über den Tatbestand des Zusammenfallens von räumlicher Nähe und sozialer Homogenität formulieren *Katz* und *Hill* (1958) eine Theorie der Eheschließung, die sie "norm-interaction theory" nennen:

1) Kontakte zur Eheschließung sind durch Kontaktnormen geregelt.

2) Diese Normen definieren (an Hand bestimmter Merkmale) für eine bestimmte Person eine Menge wählbarer Personen.

3) Innerhalb der Menge der wählbaren Personen variiert die Wahrscheinlichkeit einer Eheschließung zwischen zwei Personen mit der Wahrscheinlichkeit der Kontaktfindung.

4) Die Wahrscheinlichkeit der Eheschließung nimmt umso mehr ab, je mehr bei einer gegebenen Distanz zwischen zwei Personen andere wählbare Personen anzutreffen sind.

Bei gegebener Homogenität einer Bevölkerung in Bezug auf die normierten

Selektionsmerkmale sollen also räumliche Distanz und die Wahrscheinlichkeit der Eheschließung zwischen zwei Personen negativ korrelieren. Bei gegebener Distanz sollen andererseits Homogenität und Heiratswahrscheinlichkeit negativ korrelieren.

Distanz-Modelle, die zur Prognose von homogamen Paarbildungen dienen können, sind von *Stouffer* (1940) und *Zipf* (1946) entwickelt worden. *Stouffers* Modell der "intervening opportunities" kann so formuliert werden: Die Zahl der Heiraten oder Kontakte über eine gegebene Distanz ist direkt proportional zur Zahl der potentiellen Kontaktpartner bei eben dieser Distanz und umgekehrt propotional zur Zahl der potentiellen Partner bei kleineren Distanzen. Dieser Ansatz *Stouffers* ist von *Basset* (1954) auch für soziometrische Wahlen zwischen Gruppen formuliert worden. *Zipfs* Modell behauptet, daß die Zahl der Individuen (I) einer bestimmten Menge von Individuen (P_1), die mit Individuen einer bestimmten Menge (P_2) in Kontakt treten, direkt proportional zur Größe der beiden Gruppen und umgekehrt proportional zur (mittleren) Distanz (D) zwischen den beiden Gruppen ist:

$$(16) \qquad \begin{aligned} I &= k\, P_1 P_2 / D \quad \text{oder} \\ I/P_1 &= k\, P_2 / D \end{aligned}$$

Die Umformung (16) bestimmt den Anteil der I an P_1, die mit Individuen aus P_2 in Kontakt treten. k ist eine Proportionalitätskonstante.

Die Modelle von *Stouffer* und *Zipf* sind von *Catton* und *Smircich* (1964) "getestet" worden. Es zeigte sich, daß das *Stouffer*-Modell die Kontakthäufigkeiten über größere Distanzen unterschätzt, während sich die durch das *Zipf*-Modell geschätzten Werte den von *Catton* und *Smircich* beobachteten Häufigkeiten von Eheschließungen relativ gut anpassen. Auf Grund dieses Ergebnisses vermuten die beiden Autoren, daß der reinen räumlichen Distanz weitaus größere Bedeutung für die Anknüpfung von Beziehungen zukommt, als ihr in der soziologischen Literatur zugestanden wird. Im Gegensatz zur Theorie von *Katz* und *Hill* beispielsweise kann das Modell von *Zipf* Eheschließungen voraussagen, ohne normative Aspekte der Kontaktaufnahme explizit berücksichtigen zu müssen.

> "At a still higher level of abstraction, we might say that a norm (in any realm) ist enforceable only to the extent that it prescribes behavior which is likely for other reasons and prohibits behavior which is unlikely for other reasons" (*Catton* und *Smircich* 1964, S.529).

Auch wenn man diese Ansicht nicht teilt, dürfte deutlich sein, daß Kontakthäufigkeiten und das Anknüpfen von Beziehungen bezogen auf größere Population entscheidend durch ökologische Größen bestimmt wird[15]. Auch für die Entwicklung der Einzelbeziehung ist es fraglich, ob die Belohnungen, die die Individuen aus der Einstellungs-Ähnlichkeit u.U. ziehen dürften, als

15) Die räumliche Verteilung wird ihrerseits durch erfolgreiche Kontakte bestimmt (vgl. *Clark* 1952).

Belohnung aufgefaßt werden können, die aus der Konformität mit Kontaktnormen zu ziehen sind. Andererseits dürften Kontaktnormen möglicherweise zur räumlichen Aufteilung einer Population beitragen und so indirekt über das Distanzmaß auch im *Zipf*-Modell ihren Niederschlag finden. Ob dies jedoch in zwingender Weise zur Güte des *Zipf*-Modells beiträgt, bleibt zu untersuchen. Um noch einen etwas differenzierteren Einblick in Kontaktvorgänge zu erhalten, werden wir im folgenden auf sehr einfache Weise versuchen, die Kontaktwahrscheinlichkeiten zwischen zwei Individuen i und j bei zufälliger Kontaktaufnahme zu bestimmen. Als Ausgangspunkt unserer Überlegungen wählen wir die hypergeometrische Verteilung. Nimmt eine Person i in einer "gut gemischten" Population von der Größe N k_i Kontakte zu anderen Personen in der verbleibenden Population von der Größe N – 1 auf, so ist die Wahrscheinlichkeit unter diesen Personen eine bestimmte Person j zu finden gegeben durch:

(17) $$p(k_i) = \frac{\binom{N-2}{k-1}}{\binom{N-1}{k}}$$

Nimmt nun auch die Person j k_j Kontakte auf, so ergibt sich die Wahrscheinlichkeit, daß die beiden Personen infolge der Aktivitäten beider Personen Kontakt finden durch:

(18) $$p(k) = 1 - \bar{p}(k_i)\,\bar{p}(k_j)$$

$\bar{p}(k_i)$ und $\bar{p}(k_j)$ ergeben sich aus

(19) $$\bar{p}(k_i) = \frac{\binom{N-2}{k_i}}{\binom{N-1}{k_i}} \quad \text{und} \quad \bar{p}(k_j) = \frac{\binom{N-2}{k_j}}{\binom{N-1}{k_j}}$$

Es gilt

(20) $$p(k_i) + \bar{p}(k_i) = p(k_j) + \bar{p}(k_j) = 1$$

Will man nun den Effekt der Distanz zwischen Personen mit einbeziehen, so müssen Annahmen über die räumliche Verteilung der Population getroffen werden und die Zahl der über eine bestimmte Distanz von einem bestimmten Ort aus kontaktierbaren Personen ermittelt werden. Steigt die Zahl der kontaktierbaren Personen mit der Distanz zwischen unseren beiden Individuen, so geht p (k) gegen Null.

Nehmen wir nun an, daß durch eine Kontaktnorm M der N Individuen für einander wählbar sind. Dazu sollen auch die Personen i und j gehören. Bahnt nun i k_i Kontakte mit Individuen aus den verbleibenden N – 1 Individuen an, so ist Wahrscheinlichkeit, darunter m der M – 1 verbleibenden wählbaren Personen anzutreffen gegeben durch:

(21) $$p_m = \frac{\binom{M-1}{m}\binom{N-M}{k_i-m}}{\binom{N-1}{k_i}}$$

Die Wahrscheinlichkeit bei k_i Kontakten unter m auch die Person j zu treffen ergibt sich dann aus

(22) $$p_m(k_i) = \frac{\binom{M-2}{m-1}\binom{N-M}{k_i-m}}{\binom{N-1}{k_i}}$$

(22) ergibt sich aus dem Produkt von p_m mit der Wahrscheinlichkeit, daß M − 1 so in m zerfällt, daß ein bestimmtes Element j in M − 1 in m enthalten ist. Diese Wahrscheinlichkeit läßt sich analog (17) bestimmen. (22) kann auch so interpretiert werden, daß $p_m(k_i)$ die Wahrscheinlichkeit angibt, bei k_i Kontakten das Individuum j zugleich mit m − 1 "intervenierenden" wählbaren Kontaktpartnern zu finden. Ziehen wir nun für den Fall der Geltung einer Kontaktnorm wie in (18) die Aktivitäten von j mit ein, so können wir die Wahrscheinlichkeit eines Kontakts zwischen i und j wie folgt angeben:

(23) $$p_m(k) = 1 - \frac{\binom{N-M}{k_i-m}\binom{N-M}{k_j-m}\binom{M-2^{\,2}}{m}}{\binom{N-1}{k_i}\binom{N-1}{k_j}}$$

Die Zahl der intervenierenden Kontaktpartner kann für i und j auch als verschieden angenommen werden.

Unsere Kontakt-Modelle sind noch unrealistisch und statistisch anspruchslos, bilden jedoch einen möglichen Ausgangspunkt, von dem aus Anforderungen an eine Theorie der Kontaktfindung gestellt werden können. So ist etwa die Annahme kaum haltbar, daß die Kontaktversuche der Individuen frei über eine gegebene Fläche streuen. Plausibler dagegen dürfte die Vermutung sein, daß es in einer Bevölkerung eine Menge relativ fest fixierter Kontaktorte gibt. Diese Orte dürften für die einzelnen Individuen unterschiedlich attraktiv sein, etwa je nach den Charakteristika der dort anzutreffenden Personen, z.B. ihrer sozialen Ähnlichkeit mit den betreffenden Individuen, oder je nach ihrer Distanz zur Residenz eines Individuums. Die Kontaktwahrscheinlichkeit zweier bestimmter Individuen könnte danach zerlegt werden in die Wahrscheinlichkeiten der gemeinsamen Wahl bestimmter Orte, die Wahrscheinlichkeiten des Kontakts innerhalb der an einem Ort anwesenden Individuen, die Wahrscheinlichkeiten an den verschiedenen Orten andere mögliche Kontaktpartner zu finden und davon abhängig die Wahrscheinlichkeiten eines Wechsels in der Wahl von Orten, je nachdem ob die Wahl eines Ortes einen befriedigenden Kontakt erbracht hat oder nicht. Die explizite Aufstellung eines solchen Kontaktmodells würde hier zu weit führen.

Diese weiterführenden Überlegungen zu einem Kontaktmodell deuten darauf hin, daß in einem solchen Modell explizit das *Suchverhalten* der Individuen einbezogen werden sollte. So ist es etwa fraglich, ob die Individuen mit dem Ziel, längerfristige Beziehungen aufzubauen, gleichzeitig zu mehreren Personen Kontakte aufzunehmen versuchen, wie es durch unser Modell nahegelegt wird, oder ob sie versuchen, durch sukzessive Kontaktanbahnung eine geeignete Person zu finden. Die schon zitierte Untersuchung von *Newcomb* (1961; vgl. auch *Newcomb* 1963) deutet auf das Vorliegen eines solchen Verhaltens hin. In diesem Falle hatten die Untersuchten allerdings eine Reihe von Informationen über die Mitglieder der kontaktierbaren Population. Ebenso konnten aufgegebene Beziehungen erneut aktiviert werden. Dies dürfte bei freien Kontakten nicht ohne weiteres der Fall sein. Sowohl bei begrenzten wie bei freien, bei mehr oder weniger gleichzeitigen wie bei sukzessiven Kontakten müssen bei den Individuen ein oder mehrere Kriterien als vorhanden angenommen werden, die angeben, wann Kontakte erfolgreich sind bzw. bei welchen Kontakten Erfolge zu erwarten sind. Ebenso können "stopping rules" bei den Subjekten vermutet werden, die bei einer bestimmten Kontaktzahl und bestimmten Erfolgen das Individuum von weiterer Suche absehen lassen. Solche Kriterien könnten Balance-Grade in A - B - X - Systemen bzw. Ähnlichkeiten sein. Eine allgemeinere Konzeption solcher Kriterien stellen die "Vergleichsmaßstäbe" (comparison levels) CL und CLalt von *Thibaut* und *Kelley* (1959) dar.

Der Maßstab CL gibt die Mindest-Befriedigung an, die eine Beziehung für ein Individuum erbringen muß, um für sie akzeptabel zu sein. An Hand von CLalt sollen die Individuen die Befriedigung, die in einer Beziehung erreichbar scheint, mit Gratifikationen aus anderen möglichen Beziehungen vergleichen (*Thibaut, Kelley* 1959, S. 21ff). Um solche Vergleiche in einem Kontaktvorgang durchführen zu können, müssen die Individuen in der Lage sein, auf Grund der Eindrucks-Sample in den ersten Kontakten zukünftige Befriedigungen abzuschätzen. In einer Untersuchung von *H.L.Miller* (1963) wurde nach dem *Bayesschen* Theorem versucht, solche Schätzungen zu bestimmen. Es zeigte sich, daß bei konstantem CLalt die Attraktionen mit der Höhe der geschätzten Gratifikationen stiegen.

Wir haben in (17) bis (23) nur untersucht, welche Wahrscheinlichkeiten dafür bestehen könnten, daß zwei Individuen bei bestimmten Anzahlen von Kontaktversuchen direkt in Kontakt miteinander kommen. Durch ihre Aktivitäten wie die anderer Individuen in einer Bevölkerung dürften jedoch Kontaktnetze entstehen, die eine indirekte Beziehung über Dritte und Vierte zwischen zwei bestimmten Individuen ermöglichen können. Eine indirekte Beziehung dürfte ihrerseits Einfluß auf die Wahrscheinlichkeit eines direkten Kontakts nehmen. Die zeitliche Ausbreitung eines Kontaktnetzes könnte mit Hilfe einer logistischen Wachstumskurve beschrieben werden, die als elementares Modell von Diffusionsprozessen geeignet ist (vgl. *Dodd* und *Garabedian* 1961). Besteht etwa ein Kontakt zwischen zwei Individuen darin, daß der Name eines bestimmten Individuums weitergegeben wird und nimmt man an, daß jedes Individuum, das den Namen kennt, zu einem Zeitpunkt jeweils nur einen Kontakt mit einem anderen Individuum hat und zum Zeitpunkt t_o nur das Individuum, um dessen Namen es geht, seinen Namen kennt, so kann durch (24) in diskreter Form ermittelt werden, welcher Anteil der Bevölkerung zum Zeitpunkt t den Namen des Individuums kennt:

(24) $$p_t = p_{t-1} + kp_{t-1}q_{t-1} \quad ; \quad O \leqslant k \leqslant 1$$

p_{t-1} bzw. q_{t-1} stellt den Anteil an der Bevölkerung dar, die zum Zeitpunkt t - 1 den Namen kennt bzw. nicht kennt. p_t kann auch als der Bevölkerungsanteil angesehen werden, der über 1, 2 . . t Individuen in indirektem Kontakt mit dem bestimmten Individuum steht. Durch k können Verzögerungseffekte wiedergegeben werden, die etwa durch Verweigerung von Kontakten oder Nicht-Aufnahme des Namens entstehen. Mit Hilfe von (24) oder Modellen mit kontinuierlicher Zeit können eine Vielzahl von Diffusionsvorgängen in verschiedenen sozialen Bereichen beschrieben werden (vgl. etwa die Beispiele in *Rogers* 1962).

Aus einer Arbeit von *Rapoport* (1948) über die Ausbreitung von Zyklen, wie wir sie schon aus der Theorie struktureller Balancen kennen, in Zufallsnetzen, läßt sich auch die Wahrscheinlichkeit angeben, daß ein Individuum i mit einem Individuum j genau über k Schritte Kontakt hat, wenn jedes Individuum in einer Population von der Größe N zufällig einen Kontakt aussendet (vgl. zum Folgenden auch *Coleman* 1960, S.73ff.)[16].

(25) $$p_k = \frac{(N-1)\quad(N-2)\ldots(N-k)}{(N-1)^{k+1}}$$

Die Wahrscheinlichkeit, daß zwischen zwei bestimmten Individuen überhaupt eine Verbindung besteht, ergibt sich dann aus

(26) $$p = \sum_{k=1}^{N} P_k = \frac{N-1}{(N-1)^2} + \frac{(N-1)\quad(N-2)}{(N-1)^3} + \cdots + \frac{(N-1)!}{(N-1)^N}$$

Für den Fall, daß die Individuen mehr als einen Kontakt aussenden, wird die Sachlage etwas verwickelter. Hier gibt es Näherungen für die Situation, daß alle Individuen die gleiche Anzahl von Kontakten aussenden (siehe *Coleman* a.a.O., S.75f). *Rapoport* (1951) hat weiterhin ein Kontaktmodell entwickelt, in dem die Kontaktwahrscheinlichkeiten eine Funktion der Distanzen zwischen den Individuen sind. Die Individuen sind dabei allerdings nur entlang einer Dimension geordnet (vgl. auch hierzu *Coleman* a.a.O. S.80ff). Ausführliche Modellbildungen zu Kontakt- und Diffusionsprozessen, auf die wir nur oberflächlich eingehen konnten, finden sich bei *Rapoport* (1963), *Coleman* (1964). *Karlsson* (1958, S.74ff) hat ein Kontaktmodell für die Wahl von Ehepartnern interpretiert.

Unsere kurzen Hinweise auf mögliche Formalisierungen von Kontaktvorgängen wurden nicht mit der Absicht gegeben, empirisch gehaltvolle

---

16) Bei *Coleman* ist (25) nicht ganz korrekt angegeben, da er den Fall k = 1 nicht berücksichtigt.

Beiträge zu einer Theorie der Entwicklung dyadischer Beziehungen vorzustellen. Auf dem Hintergrund der skizzierten Modelle, die strengen Restriktionen unterliegen und deshalb nur minimale Gemeinsamkeiten mit realen Vorgängen aufweisen dürften, sollten vielmehr die Anforderungen deutlich werden, die an eine Theorie zu stellen sind, die exakt die Erzeugung von Kontaktverteilungen in einer Population mit bestimmter räumlicher, zeitlicher und sozialer Verteilung darstellen soll. An der Entwicklung einer solchen Theorie dürften Wahrscheinlichkeitsmodelle der skizzierten Art, die zu einem großen Teil für biologische Fragestellungen entwickelt worden sind, einen nicht unerheblichen Anteil haben, da die Theorie selbst in Form eines solchen Modells zu formulieren sein wird und die Modelle fernerhin genau solche Punkte bezeichnen können, an denen empirisch gehaltvolle Annahmen einzuführen sind. In diesem Rahmen sind die Theoreme K1 und K2 nur bescheidene Beiträge.

Will man überhaupt eine Theorie dyadischer Beziehungen über eng definierte Untersuchungsgebiete wie Ehen, Kleingruppenbeziehungen in verschiedenen sozialen Bereichen hinaus zur Anwendung bringen, um etwa von ihr aus auch Aussagen über die Veränderung oder Aufrechterhaltung von Schichtstrukturen durch spezifische Partnerwahlen, über demographische Veränderungen etc. zu wagen, so müssen die interpersonalen Prozesse verknüpft werden sowohl mit Kontaktmodellen wie aber auch mit Variablen demographischer und sozialer Kontexte. Erst durch die Verbindung von "Mikro"- mit "Makro"-Variablen dürften sowohl Mikro- wie Makro-Theorien ihre Trivialität verlieren, die ihnen nicht nur von Laientheoretikern oft nicht zu Unrecht vorgehalten wird (diese Hoffnung teilen wir u.a. mit *Allardt* 1969). Die Ergebnisse von Analysen von Einzelvorgängen dürften für Laientheoretiker insofern trivial erscheinen, als sie ihm nur wenig Informationen über seinen eigenen Wissenstand hinaus zu geben scheinen, da die Abweichungen, die sozialwissenschaftliche Theorien gegenüber seinen Laientheorien u.U. aufweisen dürften, ihn nicht zur Korrektur seiner Ansichten veranlassen. Dies mag vielleicht dann der Fall sein, wenn ihm, wenn u.U. auch nur im Modell,gezeigt werden kann, wie die Einzelvorgänge über viele – ihm unbekannte – Individuen hinweg unter Berücksichtigung der Kontexte zum Erhalt oder zur Veränderung von Strukturen beitragen können, deren gedankliche Verbindung mit dyadischen Vorgängen ihm zunächst fern gelegen haben mag. Als Beispiel für die hier propagierte Richtung der Theoriebildung kann eine Untersuchung von *Campbell* und *Alexander* (1965) dienen, in der versucht wird, die Mikro-Theorien von *Homans* und *Festinger* mit Schicht-Daten zu verbinden. Für eine ausführlichere Diskussion, auch der genannten Arbeit, verweisen wir auf *Valkonen* (1969).

Wir hatten vermutet, daß soziale Ähnlichkeit, die Bestandteil der Erreichbarkeit zwischen Individuen zu sein scheint, möglicherweise auch Ähnlichkeiten in den Einstellungen bedingt. Einstellungsähnlichkeit ihrerseits dürfte die Wahrscheinlichkeit einer Kontaktfortsetzung im Anfangsstadium der Beziehungen zwischen zwei Individuen erhöhen, bzw. die Wahl zwischen zwei möglichen Kontaktpartnern bei gleichem Informationsstand über beide beeinflussen. Aus diesen möglichen Sachverhalten läßt sich folgende Kontexthypothese entnehmen: Je größer die soziale Homogenität erreichbarer Kontaktpersonen ist, umso geringer dürfte die "Selektionsleistung" der Einstellungsähnlichkeit für die Kontaktpflege zwischen diesen potentiellen Kontaktpersonen sein. Trifft dies zu, so müßten wir nach weiteren Faktoren fahnden. Ein solcher – zusätzlicher – Faktor könnte die physische Attraktivität von Personen darstellen. In einer völlig unstrukturierten Situation, in der in einem "computer dance" zufällige Paarungen hergestellt wurden und die deshalb ebenso wenig Auswahlreize bereitstellen dürfte wie eine sehr homogene Situation, fanden *Walster* u.a. (1966), daß nur die physische Attraktivität der Individuen ausschlaggebend für Äußerungen der "Zuneigung" zu sein schien. Wie wir aus Untersuchungen des Dating-Verhaltens an amerikanischen Universitäten wissen, trägt die physische Attraktivität des Kontaktpartners u.a. auch zum Status des betreffenden Individuums in der Gruppe der "peers" bei (vgl. die einschlägigen Standardwerke, etwa *Udry* 1966 oder *Waller* 1952). Solche ad-hoc-Annahmen für bestimmte Situationen sind jedoch unbefriedigend, da sie in der Theorie Leerstellen schaffen, die beliebig gefüllt werden können. Wir werden deshalb im nächsten Kapitel versuchen, den Attraktionsvorgang in der Dyade etwas eingehender auf Grund vorliegender Forschungen zu behandeln, als es bei der Darstellung des Zusammenhanges zwischen Empathie, Ähnlichkeit und Attraktion möglich war.

V Sozialer Vergleich, Attraktion und Kongruenz

Eine sehr allgemeine Aussage über die Entwicklung von interpersonalen Beziehungen, die nicht auf Zwang oder auf institutionellen Arrangements beruhen, läßt sich etwa so formulieren: Beziehungen entwickeln sich nur dann, wenn sie den Beteiligten absolute und/oder relative Vorteile, Befriedigungen etc. einbringen. Für die Aufrechterhaltung von Beziehungen der genannten Art könnte in gleicher Allgemeinheit gelten: Interpersonale Beziehungen werden solange aufrechterhalten, als die Vorteile bzw. die erwarteten Vorteile bei Aufrechterhaltung für die Beteiligten größer sind als die Vorteile bzw. erwarteten Vorteile, die bei einer Auflösung der Beziehung erreichbar sind. Die verglichenen Befriedigungen können dabei sowohl "positiv" wie "negativ" sein, d.h. z.B. eine zerrüttete Ehe kann aufrechterhalten werden, wenn die Konsequenzen einer Auflösung für die Beteiligten noch katastrophaler sein würden.

Solche allgemeinen Sätze bleiben nun solange nichtssagend, d.h.sie können keine Grundlagen für Prognosen abgeben, solange es nicht gelingt, die Vor- und Nachteile, nach denen sich die Entwicklungen von Beziehungen ausrichten sollen, näher festzulegen. Eine Spezifikation der fraglichen Befriedigungen ließe sich u.U. relativ leicht dadurch erreichen, daß man alle denkbaren Bedürfnisse von Menschen, die durch eine Beziehung zu Mitmenschen u.U. befriedigt werden können, alle denkbaren sozialen Vorteile, die sich aus einer Beziehung für die Beteiligten ergeben können, sowie weitere diverse Annehmlichkeiten des "Lebens zu zweit" zu einem Katalog von möglichen Vorteilen zusammenstellt und in Ergänzung dazu auch eine Liste möglicher Nachteile fertigt. Auch wenn einem solchen Vorgehen die Beliebigkeit genommen werden könnte, dürfte es kaum Prognosen über Paarbildungen in einer gegebenen Population ermöglichen, da in den Einzelfällen jeweils erst im Nachhinein festzustellen sein dürfte, welche Bedürfnisse erfüllt wurden, welche Annehmlichkeiten sich auf Grund vielfältiger Umstände ergeben haben. Läßt eine Theorie jedoch nur Erklärungen post hoc zu, so ist sie nicht testbar. Probleme, ergeben sich auch daraus, daß die Bestandteile der Liste nur Angaben über Individuen enthalten, sich nicht gegenseitig ausschließen und den Individuen einer Population zunächst nicht zugeordnet sind. Auch wenn eine Zuordnung von Teilen der Liste zu einzelnen Individuen vorgenommen werden kann, ergibt sich aus den individuellen Angaben noch keine bestimmte Menge möglicher Zuordnungen von Individuen zueinander, denn Erklärungen oder Prognosen der Entwicklung dyadischer Beziehungen erfordern Aussagen über jeweils zwei Individuen gleichzeitig. Für solche Aussagen reichen individuelle Variable nicht aus, sondern es müssen "dyadische Variable" definiert werden, die Individuen auf Grund ihrer individuellen Merkmale einander zuordnen.

Die Wahl von dyadischen Variablen als Erklärungsgrundlage für interpersonale Beziehungen bedeutet nicht, daß rein individuelle Daten für den Prozeß ohne Relevanz blieben. So belegen eine Reihe von Untersuchungen den Einfluß von – in Bezug auf die Dyade – individuellen Größen, wie Autoritarismus, Stellung in der Geschwisterreihe, auf dyadische Vorgänge (vgl. etwa *Kling* 1967, *McLeod, Harburg* und *Price* 1966, *Schachter* 1959). Solche individuellen Größen müssen in Bezug auf dyadische Beziehungen als Kontexte aufgefaßt werden, d.h. sie haben modifizierende Wirkung auf die Zusammenhänge zwischen dyadischen Variablen untereinander. Umgekehrt stellen dyadische Variablen wie auch andere Gruppen- und Aggregatmerkmale Kontexte für Zusammenhänge dar, die am Individuum zu beobachten sind.

In Ergänzung zum vorangegangenen Kapitel können wir feststellen, daß die Dyade wie auch die größere Gruppe sowohl Kontexte höherer wie niedrigerer Ordnung besitzen, während Untersuchungen individuellen Verhaltens nur Kontexte höherer Ordnung zu berücksichtigen haben, die eine hierarchische Ordnung bilden. Die Hierarchie der Kontexte ergibt sich daraus, daß Untersuchungseinheiten niedrigerer Ebenen innerhalb von Einheiten höherer Ebenen lokalisiert sind. Das Aufsuchen bestimmter Einheiten im "Mehr-Ebenen-Ansatz" erfolgt von "oben nach unten". Dieses Vorgehen dürfte in Bezug auf Dyaden vielleicht einige Abstraktionsschwierigkeiten bereiten, da man hier besonders geneigt sein könnte, Dyaden und Individuen in ein konstituierendes Verhältnis zueinander zu setzen. Methodologisch sind jedoch dyadische Größen von individuellen Größen in gleicher Weise unabhängig wie etwa analytische oder strukturelle Merkmale von individuellen Merkmalen.

Die vorangegangenen Kapitel wie die Durchsicht der Literatur zeigen, daß die Variablen, an Hand derer die Entwicklungen von Dyaden untersucht werden können, zum überwiegenden Teil den Klassen relationaler und komparativer Merkmale angehören[17]. Als wichtigste Variablen, die in diese Klassen fallen, können genannt werden: Ähnlichkeit, Kongruenz, Komplementarität, Reziprozität, Distanz und nicht zuletzt interpersonale Balance. Diese Variablen zeichnen sich dadurch aus, daß sie nichts über individuelle Ausprägungen aussagen, sondern nur etwas über bestimmte Merkmalskonstellationen zwischen Individuen[18]. Allerdings sind sie in Bezug auf individuelle Größen definiert, also: Ähnlichkeit von Einstellungen, Ähnlichkeit der sozialen Lage, Ähnlichkeit von Bedürfnissen etc..

Neben die relationalen und komparativen Größen tritt eine Gruppe von Globalmerkmalen, so etwa Kontakthäufigkeit, Kontinuität und Stabilität.

---

17) Zur Bestimmung der hier verwandten Typologie von Merkmalen vgl. *Lazarsfeld* und *Menzel* 1961, S.431f.

18) Die besonderen Probleme der Messung und statistischen Verarbeitung der dyadischen Variablen werden von *Abell* 1968a und *Davis* 1968 behandelt.

Eine weitere Gruppe von Variablen läßt sich sowohl auf der Individual- wie der Aggregatsebene definieren, so u.a. Attraktion, Genauigkeit der interpersonalen Wahrnehmung. Steht zum Beispiel das Verhältnis von Reziprozität und Attraktion zur Debatte, so wird Attraktion am einzelnen Individuum zu messen sein, während es sich bei der Behandlung des Zusammenhanges von Attraktion und Stabilität der Beziehung empfehlen dürfte, für Attraktion ein Aggregat-Maß zu wählen.

Vorteile, Befriedigung spezieller Bedürfnisse etc., die zwei Individuen zur Aufnahme von Beziehungen veranlassen könnten, können nun nur dann zur Prognose von Paarbildungen herangezogen werden, wenn es eine oder mehrere dyadische Variablen gibt, von denen aus jeweils Aussagen über die Befriedigungen *beider* Individuen in den möglichen Dyaden *einer Population* getroffen werden können. Durch individuelle Bedürfnisse definierte Gratifikationen sind vom Einzelnen her gesehen möglicherweise entscheidend für sein Schicksal in einer Dyade, können es aber, so meinen wir, nicht von der Dyade her sein. Eine Formulierung wie: die Entwicklung dyadischer Beziehungen ist dann zu erwarten, wenn zwei Individuen in der Lage sind, sich *gegenseitig* Befriedigungen zu verschaffen, könnte unsere Einwände gegen die zum Beginn des Kapitels genannten Sätze entkräften, ist jedoch ebenfalls informationsarm und kaum empirisch falsifizierbar.

> "From an empirical point of view it is surely not known whether all social and non-social needs increase interpersonal attraction when satisfied by the group. Moreover, nothing in the formula predicts the particular kinds of behavior and conditions which are needsatisfying . . ." (*Pepitone* 1964, S.7-8; vgl. dazu auch *Rosow* 1957, S.217).

Eine Ausnahme könnten homo- und heterosexuelle Bedürfnisse darstellen. In der Literatur finden sich nun Hinweise auf eine von der Entwicklung enger dyadischer Beziehungen unabhängige freie Variation sexueller Bedürfnisbefriedigung (vgl. *Udry* 1966, S.189). Obwohl dieser Tatbestand u.U. als Entfremdungserscheinung unter restriktiven gesellschaftlichen Bedingungen diagnostiziert werden könnte, lassen die Untersuchungsbefunde zum heutigen Zeitpunkt nicht den Schluß zu, daß sexuelle Bedürfnisse und ihre Befriedigung eine systematische Grundlage für die Erklärung dyadischer Beziehungen darstellen könnten. Die Analyse sexueller Paarbeziehungen dürfte einer von unseren Interessen in dieser Arbeit abgesonderten Behandlung vorzubehalten sein.

Obwohl es bei der derzeitigen Situation experimenteller Sozialforschung riskant sein dürfte, aus einer Auswahl von Laboratoriumsbeobachtung, die nur zum Teil durch Untersuchungen in "natürlichen" Situationen gestützt werden, eine Erklärung für bestimmte Verhaltensweisen zu "destillieren", die auch außerhalb des Laboratoriums Geltung haben soll, wollen wir im folgenden eine Begründung für die Attraktion zweier Individuen geben, die spezifischer, als die Formulierung von der gegenseitigen Befriedigung, gleichzeitig aber auch verwundbarer ist. Ausgangspunkt bildet der Zusammenhang zwischen Attraktion und Ähnlichkeit, der wie wir in Kap. 3 sahen, auch in der allgemeinen Formulierung von S. 35 relativ gut gesichert sein dürfte. Dieser Zusammenhang wird von *Byrne* und anderen als ein Spezialfall des "law of attraktion" aufgefaßt, das Attraktion in Abhänigkeit zur Anzahl positiver Belohnungen im Verhältnis zur "Summe" von positiven und negativen Belohnungen setzt, die ein Individuum dem anderen geben kann. Wir wollen im Folgenden untersuchen, von welcher Art diese Belohnungen sein können, von denen die *dyadische* Größe Ähnlichkeit eine spezielle Form darstellen soll.

Die Ähnlichkeit von Einstellungen zu bestimmten Objekten, die zwei in Relation stehende Individuen aufweisen, wird von *Newcomb* mit den Bezeichnungen "co-orientation" und "system of common orientations" belegt. *Newcomb* führt aus:

> "There are few if any objects so private that one's orientations toward them are uninfluenced by others' orientations. This is particular true with regard to what has been termed "social reality"; i.e. the less the possibility of testing one's assumtions by observing the physical consequences of those assumptions, the greater the reliance upon social confirmation as the test of what is true and valid" (*Newcomb* 1953, S.394). ". . . the more similar A's and B's orientations . . . the more confident each of them can be of his own cognitive and evaluative orientations" (ibidem, S.395).

Festinger konzipiert ein Kontinuum, an dessem einen Ende die "physische Realität" steht, die ein Individuum erfährt und über die es urteilt, während der Gegenpol durch die "soziale Realität" besetzt sein soll. Entlang des Kontinuums soll die Möglichkeit eines Individuums abnehmen, bestimmte Urteile und Ansichten, die es über einen Sachverhalt hat, direkt und unabhängig von anderen Individuen durch eigene Erfahrung zu überprüfen. Seine Einstellungen und Werturteile über soziale Tatbestände sollen zu einem großen Teil davon abhängen,

> "wether or not other people his opinions and fell the same way as he does. If there are other people around him who believe the same thing, then his opinion is, to him, valid. If there are not others who believe the same thing, then his opinion is, in the same sense, not valid. Thus where the dependence upon physical reality is low, the dependence upon social reality is correpondingly high. An opinion, a belief an attitude is "correct", "valid" and "proper" to the extent that it is anchored in a group of people with similar beliefs, opinions, and attitudes" (*Festinger* 1960, S. 287 – 288).

Zu den Einstellungen und Urteilen, die der sozialen Validierung bedürfen, gehören zentral auch die, die ein Individuum in Bezug auf sich selbst hat, seine Selbsteinschätzung und die daraus resultierende Selbstwertschätzung. In der Theorie des "sozialen Vergleichs" spricht *Festinger* diesen Schaverhalt in seinen ersten drei Hypothesen an:

> "Hypothesis I: There exsists in the human organism a drive to evaluate his opinions and his abilities."
> "Hypothesis II: To the extent that objective, nonsocial means are not available, people evaluate their opinions and abilities by comparison respectively with the opinions and abilities of other."

"Hypothesis III: The tendency to compare oneself with some other specific person decreases as the difference between his opinion or ability and one's own increases" (*Festinger* 1954, S.117, 118 und 120).

Der universelle Geltungsanspruch von Hypothese I mag bestreitbar sein. Es ist denkbar, daß z.B. ein Bewertungsbedürfnis bei den Individuen nur in Bezug auf spezifische Eigenschaften und Einstellungen besteht, die von Individuum zu Individuum möglicherweise variieren. Für ein bestimmtes Bewertungsstreben ließen sich möglicherweise auch historische Begründungen angeben, wie es von *Velben* in der "Theorie der feinen Leute" versucht worden ist. Für die Bewertung der Einstellungen und Fähigkeiten durch Konfrontation mit anderen Personen könnte eine etwas abweichende Erklärung darin gesehen werden, daß die Bewertungskriterien des Individuums sozial vermittelt sind und allgemein auf interindividuellen Vergleich abzielen. In Modifikation der Hypothesen von *Festinger* könnte weiterhin geltend gemacht werden, daß die *Unfähigkeit* des Individuums, sich selbst direkt einzuschätzen, historisch in dem Tatbestand begründet ist, daß ein Individuum in der sog. Industriegesellschaft nicht (mehr) in der Lage sei, von sich aus seine Fähigkeiten und Unfähigkeiten in angemessener Weise seiner Lebensgeschichte und den sozialen Strukturen zuzurechnen. Diese Einwände stellen zum Teil empirisch offene Fragen dar, zum Teil lassen sie sich heute nicht prüfen. Eine Reihe von empirischen Forschungen scheinen zu bestätigen, daß Individuen zur Bewertung ihrer Fähigkeiten, zur Validierung ihrer Einstellungen sich mit anderen Individuen vergleichen, sich an Personen anlehenen, die ihnen ähnlich sind oder sich in ähnlichen Situationen befinden, so u.a. *Dreyer* 1954, *Festinger, Torrey* und *Willermann* 1954, *Hoffmann, Festinger* und *Lawrence* 1954, *Schachter* 1951, *Singer* und *Shockley* 1965, *Zander* und *Havelin* 1960.

Aus der Hypothese III von *Festinger* läßt sich folgern, daß Personen ihre Einstellungen und Urteile in der Regel an Personen mit ähnlichen Urteilen und Einstellungen zu bestärken suchen oder, in anderer Formulierung, dissonante Informationen meiden. Die letzte Version ist allerdings mit der ersten nicht ganz identisch. Zu ihr liegen dem Anschein nach widersprüchliche Untersuchungsergebnisse vor. Untersuchungen zur Reduktion von "postdecision dissonance" haben gezeigt, daß Dissonanzen in der Regel zu einer gesteigerten allgemeinen Nachfrage nach weiteren Informationen führen (etwa *Adams* 1961). Jedoch finden sich neben Studien, in denen die Individuen eine klare Präferenz für unterstützende Informationen zeigen (*Rosen* 1961), andere Forschungen, in denen eine ebenso klare Bevorzugung dissonanter Informationen zu beobachten ist (*Freedman* 1965), während wiederum andere keine eindeutigen Präferenzordnungen ergeben (*Feather* 1963). Eine der Variablen, die die Wahl zwischen konsonanten und dissonanten Informationen steuern, dürfte die vom Individuum erreichte Urteilssicherheit darstellen. Je sicherer ein Individuum in seinem Urteil ist, um so eher wird es dissonante Informationen suchen, deren mögliche Zurückweisung eine weitere Stärkung des Urteils erbringen könnte (*Mills* 1965). Eine weitere Einflußgröße könnte der Grad der Kenntnis sein, den ein Individuum zum Zeitpunkt der Urteilsbildung über Informationen hat, die der Urteilsneigung des Individuums zuwiderlaufen (*Freedman* 1965). Weiterhin könnte auch die Art der Entscheidung oder das Objekt der Urteilsbildung mit ausschlaggebend für die Suche nach einer bestimmten Art von Information sein[19]. So meinen wir den Vergleich der verschiedenen Untersuchungen als Hypothese entnehmen zu dürfen, daß die Individuen ein größeres "Bedürfnis" nach unterstützenden Informationen und Urteilen haben, wenn ihre Eigenschaften und Fähigkeiten zur Bewertung anstehen, als wenn es sich etwa um Kaufakte oder politische Urteile handelt. Die Hypothese könnte auch folgendermaßen formuliert werden: je mehr die Selbsteinschätzung eines Individuums durch die Bewertung bestimmter Issues betroffen wird, um so eher wird das Individuum nach konsonanten Informationen suchen. Obwohl die Behauptung, daß Individuen dissonante Informationen meiden, nicht in dieser Allgemeinheit aufrecht zu erhalten ist, dürfte auch die Zurückweisung der These durch *Freedman* und *Sears*:

> "Laboratory evidence does not support the hypothesis that people prefer to be exposed to supportive as opposed to non- supportive information" (*Freedman* und *Sears* 1965, S.94).

nicht in undifferenzierter Form akzeptabel sein.

Das Bewertungsbedürfnis der Individuen dürfte sich nicht nur auf ihre Einstellungen richten, durch das sie gegenüber Non-Konformisten empfindlich gemacht werden, sondern auch auf ihre Emotionen und Gefühle. In einer ausführlichen Untersuchung zur "psychology of affiliation" versetzt *Schachter* (1959) seine Versuchspersonen in mehr oder minder große Angstzustände, wobei die Untersuchten in Unklarheit darüber belassen werden, ob ihre Angstgefühle begründet sind. Die Versuchspersonen werden in dieser Situation vor die Wahl gestellt, ob sie eine gewisse Zeit vor dem Beginn eines Experiments, das ihnen die Angst einflößt, allein oder gemeinsam mit anderen Personen verbringen wollen. Als Gefährten können sie zwischen Unbeteiligten und solchen wählen, die sich ebenfalls dem Experiment unterziehen sollen. Es zeigte sich, daß die Wahlen im Vergleich zu Kontrollgruppen häufiger auf solche Personen fielen, die ebenfalls am Experiment teilnehmen sollten. *Schachter* führt aus:

> "Plainly, then, under conditions of anxiety the affiliative tendency is highly directional – an experimental finding which removes one shred from the old saw "Misery loves company". Misery doesn t love just any kind of company, it loves only miserable company" (*Schachter* 1959, S.24). "Anxious subjects may choose" Together "as a means of reducing their own fears as a social means of better understanding and evaluating their own feelings" (ebenda, S.41). "Just as there are pressures to establish the "correctness" of an opinion and the "goodness" of an ability, there are pressures to establish the "appropriateness" of an emotion or bodily state" (ebenda, S.128).

19) Für den wissenschaftlichen "Fortschritt" etwa könnte eine ausschließliche Suche nach konsonanten Informationen tödlich sein.

Ein gleiches Bewertungsbedürfnis stellte *Schachter* bei Individuen fest, bei denen man – für sie selbst unerklärlich – mit Hilfe von chemischen Präparaten "Emotionen" erzeugt hatte (*Schachter* 1965).

Anlehnungs- und Bewertungsbedürfnisse dürften nach unserer Vermutung um so stärker sein, je unsicherer eine Person über ihre Einstellungen, Fähigkeiten und Gefühle ist. Unsicherheiten in diesen Hinsichten können z.B. daraus resultieren, daß sich bestimmte Merkmale eines Individuums gegenüber einer relevanten Gruppe als abweichend herausstellen. Das Bewertungsbedürfnis scheint um so intensiver zu sein, je mehr ein Individuum annehmen muß, daß seine Einstellung zu einem Objekt von Einstellungen abweicht, die Personen hegen, die ihm in anderen Aspekten ähnlich sind (vgl. *Radloff* 1961). Die Untersuchungen von *Byrne* (1961b) und *Berkowitz* und *Howard* (1959) scheinen darauf hinzudeuten, daß Individuen, je unsicherer sie in ihren Einstellungen sind, um so stärker einen Kontakt mit solchen Individuen ablehnen, von denen sie vermuten können, daß sie konträre Einstellungen besitzen. Steht es den Individuen jedoch nicht offen, Kontakte abzulehnen, so scheinen Personen mit einem hohen Bewertungsbedürfnis besonders häufig zur Anpassung an die Meinung der Anderen zu tendieren (*Burdick* und *Burnes* 1958). Dies wiederum scheint um so mehr der Fall zu sein, je mehr die Einstellungen der unsicheren Individuen von den Einstellungen der anderen Individuen abweichen (*Pepitone* 1964, S.41). Stärkere Bewertungsbedürfnisse scheinen Individuen auch in Bezug auf solche Eigenschaften zu entwickeln, die in der größeren Population relativ selten sind. Teilen zwei Individuen eine bestimmte Eigenschaft miteinander, so scheint sich eine um so größere Attraktion zwischen beiden zu entwickeln, je seltener die Eigenschaft ist. Das gilt jedoch nur insofern, als die betreffende Eigenschaft sozial wünschbar zu sein scheint (vgl. hierzu *Jellison* und *Zeisset* 1969). Die genannten Untersuchungen scheinen folgenden Zusammenhang wiederzugeben: Je unsicherer ein Individuum in seiner Selbsteinschätzung ist, desto stärker wird sein Bedürfnis sein, bewertet zu werden. Dies geschieht durch sozialen Kontakt nach Möglichkeit mit ähnlichen Personen. Abweichung von einem Gruppenstandard scheint ebenfalls zu einem Bewertungsbedürfnis zu führen. Ob dabei der Einschätzungsunsicherheit eine intervenierende Rolle zukommt, muß mit einem expliziten Kausalmodell getestet werden. Im Rahmen dieses Zusammenhanges könnte auch ein Ergebnis der Untersuchungen von *Martinson* (1955 und 1959) gesehen werden. *Martinson* stellt fest, daß sozial unangepaßte Individuen zu einem früheren Zeitpunkt zu heiraten scheinen als angepaßte. Dieser Zusammenhang könnte jedoch auch verschiedene Aspekte eines Syndroms sozialer Abweichung repräsentieren.

Die Forschungsergebnisse zeigen u.a., daß die von *Heider* und *Newcomb* postulierten Tendenzen zur interpersonalen Balance, die zu einer Attraktion zwischen Personen gleicher Orientierung führt, nicht allein kognitiven Ursprungs sein dürften.

"The effects of cognitive inconsistency can usually be decomposed into the effects of social motivation, particulary status and security needs, and a cognitive motivation to form and maintain a veridical cognitive structure" (*Pepitone* 1964, S.49).

Neben die Tendenzen zur interpersonalen Balance auf Grund eines Konformitätsdruckes und zur intrapersonalen Balance der Abbild-Strukturen auf Grund kognitiver Bedürfnisse wollen wir noch eine dritte Tendenz stellen, die ebenfalls zu formal balancierten Strukturen führt: eine Tendenz zur Aufrechterhaltung und Erhöhung der Selbsteinschätzung. Dies geschieht durch "Bestätigung" intrapersonaler Strukturen in interpersonalen Strukturen, durch die Entwicklung enger positiver Beziehungen zu einer Person, die eine ähnliche intrapersonale Struktur aufweist.

Einige Untersuchungen zeigen relativ deutlich, daß positive Bewertungen der Eigenschaften eines Individuums oder seiner "Persönlichkeit" insgesamt durch ein zweites Individuum Zuneigung des Bewerteten zum Bewertenden erzeugt (vgl. etwa *Lundy, Katovsky, Cromwell* und *Shoemaker* 1955). Dabei tritt allerdings die von uns konzipierte intervenierende Variable der Selbsteinschätzung nicht direkt ins Bild. *Aronson* und *Linder* (1965) setzten die von ihnen untersuchten Individuen einer Reihe von Bewertungssequenzen aus. Die Folgen bestehen aus nur positiven, nur negativen und aus Mischungen von positiven und negativen Bewertungen, die von einem zweiten Individuum ausgehen sollen. Die Attraktion des bewerteten zum bewertenden Individuum erreichte dann ein besonders hohes Maß, wenn die Sequenz von anfänglich negativen zu positiven Bewertungen führten (vgl. die folgende Aufstellung).

Bewertungssequenz	Mittlerer Attraktionswert
1) negativ – positiv	7.67
2) neutral – positiv	6.66
3) positiv – positiv	6.42
4) negativ – negativ	2.52
5) positiv – negativ	0.87

(nach *Aronson, Linder* 1965, S.163 und 167)

Dieses Ergebnis zeigt, daß besonders der Gewinn oder der Verlust von Einschätzungen Effekte auf die sich bildende Attraktion hat. Der besonders hohe Attraktionswert unter der ersten experimentellen Bedingung dürfte mit darauf zurückzuführen sein, daß die anfänglich negativen Bewertungen Unsicherheit im Individuum hervorrufen, deren Aufhebung als besonders positiv empfunden wird. Hier vermischen sich die Effekte einer Beseitigung der Einschätzungsunsicherheit mit dem Effekt eines Einschätzungsgewinns, der sich in der zweiten Untersuchungsanordnung niederschlägt.

Die Untersuchung von *Aronson* und *Linder* läßt indirekt Schlüsse auf die Intervention der Selbsteinschätzung zwischen Bewertung und Attraktion zu. So kann die Verunsicherung in der ersten Sequenz als Verunsicherung der Selbstbewertung aufgefaßt werden. Personen, die durch die negativen Bewertungen nicht irritiert waren, zeigten, wie eine Befragung der Versuchspersonen ergab, geringere Attraktions-Werte.

Wir wollen unsere Vermutung über die Rolle der Selbsteinschätzung oder Selbstbewertung im Attraktionsprozeß, die zumindest mit vorliegenden empirischen Befunden nicht unvereinbar ist, in die Gestalt eines Theorems bringen:

Theorem A 1: Je mehr ein Individuum in seiner Selbsteinschätzung durch ein zweites Individuum bestärkt und erhöht wird, um so mehr wird es sich zu diesem Individuum hingezogen fühlen.

Bestärkung und Erhöhung der Selbsteinschätzung kann nun nicht nur durch direkte Bewertungsakte erfolgen, sondern auch durch Vergleich im Kontakt mit einer ähnlichen Person. Dieser mögliche Sachverhalt wird explizit von *Jones* und *Thibaut* ausgedrückt:

"The stronger our need to verify and validate our own beliefs and values, the more will others be positively evaluated if they are seen as similar in values to the perceiver" (*Jones* und *Thibaut* 1958, S.161).

Thornton und *Arrowood* (1966) sehen die Sachlage etwas allgemeiner. Nicht Ähnlichkeit allein soll als positiv bewertete Vergleichsgrundlage dienen, sondern diejenigen Personen sollen zum Vergleich gewählt werden, die die meisten bewertenden Informationen vermitteln können. Da jedoch dieser Personenkreis für ein bestimmtes Individuum bisher nicht festzulegen ist, scheint uns die Formulierung von *Jones* und *Thibaut* zunächst gehaltvoller zu sein, zumal die Relation der Ähnlichkeit die geforderte Eigenschaft besitzt, in einer Population eine Menge möglicher Dyaden zu definieren.

Theorem A 1 geht über die vorliegenden Untersuchungen hinaus, insofern es die Effekte positiver Bewertung auf die Attraktion zwischen zwei Individuen nicht von einem besonderen Bewertungsbedürfnis abhängig macht. Gilt Theorem A 1 nur unter der Bedingung, daß ein Bewertungsbedürfnis auf Grund von Unsicherheit in der Selbsteinschätzung bei den Individuen vorliegt, so würde der Geltungsbereich auf die Entwicklung von Dyaden innerhalb eines speziellen Personenkreises beschränkt, wenn nicht nachweisbar ist, daß Paarbildungen mit größerer Attraktion zwischen den Beteiligten immer allgemeine oder speziellere Unsicherheiten in der Selbsteinschätzung vorausgehen. Diese Frage läßt sich nur empirisch entscheiden. Daneben besteht auch die Möglichkeit, neben einem Bedürfnis zur Erhaltung der Selbsteinschätzung bei Unsicherheit eine allgemeine Tendenz zur Erhöhung des Selbst-Wertes zu postulieren. Eine solche Inflation der "Bedürfnisse" ist jedoch wenig wünschenswert, da sie sich als Dispositionen zu bestimmten Verhaltensweisen kaum an diesen unterscheiden lassen werden. Es scheint uns daher zweckmäßiger, Behauptungen über die Kovariation von Verhaltensweisen unter Umgehung von allgemeinen oder spezifischen Bedürfnissen aufzustellen. Führt man Bedürfnisse in die Behauptungen als Variable ein, die zwischen Beobachtungsdaten intervenieren soll, so stellt sich im Fall, daß einzelne Ergebnisse den Hypothesen widersprechen, stets die Frage ein, ob denn das betreffende Bedürfnis vorliegt oder nicht. Damit wird u.U. eine Immunisierung der Aussage erreicht, wenn nicht bestimmte beobachtete Indikatoren vorliegen wie etwa Einschätzungsunsicherheit. Auch hier könnte man jedoch auf Bedürfnisse bei der Erstellung der theoretischen Sätze verzichten. Nimmt man sie in die Erklärung hinein, so kann sich auch hier die Frage ergeben, ob ein bestimmter Faktor, der Indikator für ein bestimmtes Bedürfnis sein soll, die Entstehung des Bedürfnisses im Einzelfall "tatsächlich" bewirkt hat.

Nach Überlegungen von *Charles Cooley* und im Anschluß an sie von *Georg H.Mead* beruht die Selbstsicht und Selbsteinschätzung einer Person darauf, wie sie von anderen Personen eingeschätzt wird, oder genauer, wie sie glaubt, von anderen eingeschätzt zu werden. *Cooleys* "looking-glass self" soll jenes Bild von uns selbst kennzeichnen, das wir aus den Bewertungen anderer über uns gewinnen. *Mead* hat diese Vorstellungen weiter ausgebaut. Im Prozeß des "role-taking" sollen die Individuen sich selbst aus der Sicht des "significant other" wahrnehmen, jener Personen, deren Sichtweiten unseres Verhaltens von uns besondere Bedeutung zugeschrieben wird. Aus der Vielzahl der Interaktionen mit verschiedenen Personen bildet sich daneben ein "durchschnittliches" Bild von unserer Person, das Bild aus der Sicht des "generalized other"[20]. Diese Beschreibungen der Entwicklung und Veränderung von Selbsteinschätzungen von *Cooley* und *Mead* haben eine Reihe von empirischen Bestätigungen gefunden, sind allerdings nicht als ausreichend getestet anzusehen.

In einer Untersuchung in einem Studentenwohnheim, das von Studienanfängern bezogen wurde, konnte *Manis* (1955) feststellen, daß sich die Selbstbilder der einzelnen Bewohner mit der Dauer der Interaktionen zwischen ihnen sowohl den Einschätzungen ihrer Person durch die größere Gruppe wie den Einschätzungen ihrer engeren Freunde im Heim, die in dieser Situation als die "signifikanten Anderen" angesehen werden können, annäherten. Diese Anpassungen erwiesen sich eher als Annäherungen der Selbstbilder an die Fremdbilder als umgekehrt. Für die Formierung der Selbstbilder stellten sich die Einschätzungen der Freunde als dominanter heraus als die von Nicht-Freunden. Die Selbstbilder passten sich stärker den positiven als den negativen Zügen im Fremdbild an. In dieser Untersuchung scheinen uns allerdings die Änderungskomponenten, die auf die engeren Freunde und die größere Gruppe zurückgeführt werden können, nicht eindeutig von einander separierbar zu sein.

Anpassungen an ein Fremdbild können nach einer Untersuchung von *Vroom* (1959) auch auf anderem Wege zu Stande kommen. *Vroom* fand, daß bei hoher Attraktion einer Person zu einer anderen eine Projektion

20) Vgl. hierzu auch die Diskussion über "self-identity" und "meta-identity" bei *Laing, Philipson* und *Lee* 1966, S.3–8.

zentraler Merkmale im Selbstbild auf den Interaktionspartner stattfindet oder stattfinden kann. Bei negativen L-Relationen scheinen diese Merkmale im Bild vom Anderen verneint zu werden. Empirisch dürfte ungeklärt sein, ob "Anpassung" und "Projektion" als konkurrierende Erklärungsansätze anzusehen sind oder sich auf getrennte Vorgänge beziehen, die nebeneinander vorliegen können. Die Erklärungsunsicherheit wird dadurch erhöht, daß sowohl tatsächliche Anpassung wie Projektion als Sonderfälle von Balance-Vorgängen aufgefaßt werden können, ohne daß sich auf Grund dieser Theorie der eine oder andere Vorgang vorhersagen ließe. Vielleicht gelingt dies, wenn der Vorgang der Bildung von Fremd- und Selbsteinschätzungen zeitlich differenziert werden kann. Auf Grund der Untersuchungen von *Manis* und *Vroom* läßt sich das Problem nicht klären, da die Bildung von Attraktionen in beiden Fällen weder als exogen noch als endogen explizit ausgewiesen ist. Eine weitere Studie zur *Meadschen* Theorie ist von *Miyamoto* und *Dornbusch* (1956) vorgelegt worden. Die Autoren können zeigen, daß die Selbstbilder der Mitglieder von zehn Studentengruppen mit der von ihnen wahrgenommenen Einschätzung durch die Gruppenmitglieder besser übereinstimmen als mit den tatsächlichen Einschätzungen. Die geringsten Abweichungen wurden zwischen Selbstbildern und Einschätzungen gemessen, die als Einschätzungen eines "verallgemeinerten Anderen" wahrgenommen wurden. In einer weiteren Studie kann *Kipnis* (1961) den besonderen Einfluß demonstrieren, den die Sicht des "besten Freundes" auf die Bildung der Selbsteinschätzung eines Individuums nimmt. Eine Abhängigkeit des Selbstbildes einer Person vom Bild, das die Gruppe über diese Person entwickelt, belegt die Untersuchung von *Reeder, Donahue* und *Biblanz* (1960). Die Abhängigkeit schien jedoch mit der Höhe der Selbsteinschätzung zu variieren. Weniger selbstbewußte Gruppenmitgleider zeigten größere Abhängigkeit von den wahrgenommenen Gruppenmeinungen. Studenten, die in einer Untersuchung von *Kuhn* und *McPartland* (1954) die Frage beantworten sollten "Who am I? ", beschrieben sich selbst durchgehend mit durch die Gruppe konsentierten Beschreibungsmustern.

Durch die Vorgänge der Projektion und der Anpassung an die Einschätzung des Anderen, die innerhalb von Dyaden für beide Parteien gelten dürften, entsteht eine Ähnlichkeit besonderer Art: eine Ähnlichkeit der Selbsteinschätzungen vermittelt durch Ähnlichkeiten von Fremd- und Selbsteinschätzungen. Wir wollen behaupten, daß diese Ähnlichkeit eine besondere positive Bewertung darstellt, die die Selbsteinschätzungen bestärkt und erhöht. Wir wollen weiter behaupten, daß diese Anpassungen vor allen Dingen dann erfolgen, wenn zwischen den Beteiligten bereits ein gewisses Maß an Attraktion besteht. Zwar sind die empirischen Befunde hierzu mehrdeutig, doch sprechen die Untersuchungen zur Balance-Theorie wie auch die Ergebnisse von *Kipnis, Vroom* und auch *Manis* dafür, anzunehmen, daß der "Anpassungsdruck" um so stärker ist, je höher die bestehende Attraktion zwischen zwei Personen ist. Wir wollen deshalb ein weiteres Theorem formulieren:

Theorem A 2: Je häufiger zwei Personen miteinander interagieren und je höher die Attraktion zwischen ihnen ist, um so kongruenter werden die interpersonalen Wahrnehmungen der beiden Personen.

Unter Kongruenz wird die wechselseitige Übereinstimmung der Selbstbilder mit den wahrgenommenen Fremdbildern verstanden. Diese Bestimmung folgt dem Vorschlag von *Secord* und *Backman* (1964). Die Bedingung häufiger Interaktion zwischen zwei Personen ist in das Theorem aufgenommen worden, um die Aussage von den Fällen abzusetzen, in denen auf Grund von Idealisierungen sich interaktionsfrei Attraktionen entwickeln, jedoch keine Wahrnehmung der Fremdbilder erfolgen kann.

Aus dem Theoremen A 1 und A 2 läßt sich ein "selbsttätiger" Prozess folgern, der für die Entwicklung stabiler dyadischer Beziehungen eine entscheidende Bedeutung besitzen könnte. Bestätigung des Selbstbildes führt nach A 1 durch Kontakt mit einer – ähnlichen – Person zu Attraktion. Attraktion führt nach A 2 zu Kongruenz. Kongruenz als erhöhte Bestätigung des Selbstbildes führt wiederum zu erhöhter Attraktion. Die Untersuchung von *Manis* ergab, daß eine Anpassung des Selbstbildes an das Fremdbild sich der Tendenz nach vornehmlich an solchen Bestandteilen des wahrgenommenen Fremdbildes ausrichtet, die positive und höhere Einschätzungen des Individuums beinhalten, als sie das Individuum bis dahin über sich selbst gepflegt hat. Der beschriebene Kongruenz-Vorgang dürfte also u.U. nicht nur zur Bestätigung der Selbsteinschätzung und zu Attraktion führen, sondern darüberhinaus auch zu einer gegenseitigen Erhöhung der Selbsteinschätzungen. Diese Entwicklung dürfte nicht ohne Wahrnehmungsverzerrungen und Ernüchterungen vor sich gehen. Jedoch hat die Untersuchung von *Ofshe* (1970) gezeigt, daß die Kongruenz- und Konsenbildung, soweit sie zentrale Bereiche der dyadischen Beziehungen betreffen, mit der Dauer der Beziehung in der Regel nicht zu gemeinsam errichteten Fiktionen geraten dürfte.

Nach Untersuchungen von *Secord* und *Backman* können wir als relativ gesichert annehmen, daß Kongruenz zu Attraktion führt, daß der dritte Schritt in unserem kleinen Prozeß (s.o.), den wir aus Theorem A 1 begründen, empirisch beobachtet ist. Die beiden Forscher unterscheiden zwischen zwei Arten der Kongruenz-Bildung:

1) "congruency by implication"; das Individuum X nimmt wahr, daß Individuum Y ihm eine Eigenschaft zuschreibt, die X sich selbst zuschreibt (*Backman* und *Secord* *1962)*.

2) "congruency through validation"; Individuum X nimmt wahr, daß Y sich so verhält, daß X in seiner Sicht von sich selbst bestärkt wird (*Secord* und *Backman* 1964).

Der Zusammenhang zwischen Attraktion und der "congruency by implication" findet sich auch in einer Untersuchung von *M.Deutsch* und *L.Solomon* (1959). Nicht so eindeutig in dieser Hinsicht sind die Ergebnisse einer Arbeit von *E.B.Luckey* (1960). Die Autorin fand, daß die Übereinstimmung der Selbst-Sicht des Ehemannes mit der Einschätzung des Ehemannes durch die Ehefrau positiv mit ehelicher Zufriedenheit korreliert, während eine Übereinstimmung von Selbst-Sicht der Ehefrau und der Einschätzung durch den Mann keinen Zusammenhang mit Befriedigung zeigte.

Wir haben versucht zu zeigen, daß Attraktion und engere dyadische Beziehungen durch einen Vorgang der gegenseitigen Bestätigung und Erhöhung der Selbsteinschätzungen erzeugt werden könnte. Ähnlichkeit und Kongruenz stellen in diesem Zusammenhang spezielle Bewertungsmöglichkeiten dar, die – allerdings zu verschiedenen Zeitpunkten der Entwicklung einer Dyade – zur Prognose dyadischer Beziehungen besonders tauglich sein dürften[21]. Eine allgemeinere Form der Bestätigung des Anderen dürfte in mehr oder minder direkten und mehr oder minder differenzierten Ausdruck der Zuneigung und Akzeptierung des Anderen bestehen. Wir nehmen an, daß die Wahrnehmung der Zuneigung eines anderen Individuums für eine Person in der Regel einen Attraktionsgrund darstellt. Für die Stichhaltigkeit dieser Hypothese lassen sich eine Reihe von Untersuchungen anführen: *Backman* und *Secord* 1959, *Dittes* 1959, *Festinger, Torrey* und *Willermann* 1964, *Videbeck* 1960. *Eng* (1954) beobachtete, daß sich die Wahl eines Partners für Situationen, die einen vertraulichen, intimen Kontakt zwischen zwei Personen erfordern, danach auszurichten scheint, in welchem Maße die zu wählende Person den Wählenden selbst akzeptiert. Ein ähnliches Ergebnis findet sich bei *Jennings* (1943). In bestimmten experimentellen Wahlsituationen scheinen die Wahrnehmung von Ähnlichkeiten und die Wahrnehmung von Zuneigung in der Beeinflussung der Wahl einer Person substituierbar zu sein. So wählten in einem Experiment von *Walster* und *Walster* (1963) Individuen, die keine Informationen darüber besaßen, ob sie von bestimmten wählbaren Personen akzeptiert würden, eher solche Individuen, die ihnen ähnlich waren, während Individuen, denen im Experiment versichert wurde, daß sie von bestimmten Individuen gemocht werden, relativ häufig auch solche Personen wählten, die ihnen unähnlich waren.

Verläuft die Entwicklung der Attraktion tatsächlich über eine Bestärkung der Selbsteinschätzung der Beteiligten, so dürfte eine der Voraussetzungen dieses Vorganges sein, daß die Individuen sich selbst positiv gegenüberstehen. Dies dürfte zumindest für Balanceprozesse auf Grund von Ähnlichkeiten oder gemeinsamer Orientierungen gelten (vgl. *Papitone* 1964, S.32). Hier scheint es vor allem darum zu gehen, daß ein mangelndes "Selbstwertgefühl" die positiven Bewertungen anderer als unzutreffend oder als trügerisch erscheinen lassen. Die Untersuchungsergebnisse von *Bossom* und *Maslow* (1957) wie auch von *Fey* (1955) scheinen dafür zu sprechen, daß eine Person umsomehr bereit ist, andere zu akzeptieren, je mehr sie sich selbst akzeptiert (vgl. auch *Marlowe* und *Gergen* 1969, S.596). Schwierigkeiten des ehelichen Anpassungsprozesses gestörter Personen, die etwa bei *J.Bernard* (1964, S.727ff.) dargestellt werden, scheinen u.a. darauf zu

---

21) Der Kongruenz wird von *Laing, Phillipson* und *Lee* (1966) entscheidende Bedeutung bei Diagnose und Theraphie ehelicher Schwierigkeiten zugemessen.

beruhen, daß negative Selbsteinschätzungen zu für die Beteiligten schwer durchschaubaren Mißverständnissen bei der Kongruenzbildung führen (vgl. *Laing, Phillipson* und *Lee* 1966, S.82ff.). Auf diese Anpassungsschwierigkeiten dürfte die Dyade nur dann ausreichend reagieren können, wenn ihr differenzierte Kommunikationsmittel zur Verfügung stehen (vgl. *Karlsson* 1963, S.36ff.). Wie solche Differenzierungen aussehen könnten, wird gegen Ende des nächsten Kapitels eingehender dargestellt werden. Dort werden auch einige Aspekte dyadischer Konflikte diskutiert werden.

Das Problem negativer Selbsteinschätzungen weist darauf hin, daß die Ausschnitte realer Beziehungen, die in dieser Arbeit behandelt werden können, ein zu friedliches und glattes Bild dyadischer Entwicklungen entstehen lassen könnten. Das liegt zum Teil daran, daß die experimentelle Attraktionsforschung bestimmte Charakteristika der Persönlichkeiten ihrer Versuchspersonen weitgehend nicht berücksichtigt und nicht berücksichtigen kann, zum anderen Teil ist es darauf zurückzuführen, daß die Untersuchungen zum Verhalten "seelisch gestörter" Personen in Dyaden oder konkreter in Ehen, wie auch Untersuchungen zur Entwicklung von Störungen in Dyaden sich heute kaum so generell behandeln lassen, wie wir es mit einigen Aspekten dyadischer Entwicklungen hier unternommen haben. Bei der Fraglichkeit unseres Unternehmens, das auf der Annahme beruht, daß die in den Untersuchungen verwandten Messungen mehr oder minder gute Indikatoren für gemeinsame Variable darstellen, die nach Maßgabe der Ergebnisse zu einem vorläufigen Modell zusammengebracht werden können, haben wir es unterlassen, die angesprochenen Forschungen mit einzubeziehen, die eine andere Welt von Verhaltensgrößen eröffnen. Wir können hier nur auf diese Forschung verweisen, etwa auf *Bateson, Jackson* u.a. (1969). Das bringt es mit sich, daß der Eindruck nicht ganz unberechtigt sein könnte, unsere Ausführungen bezögen sich nur auf Schemen zwischenmenschlicher Beziehungen, der sich, falls er vorliegen sollte, auch nicht durch Hinweise auf analytische Distinktionen verwischen ließe.

Auf Grund der Theoreme A 1 und A 2 kann bei langfristiger Interaktion zweier Individuen ein Kongruenzprozeß erwartet werden, in dem die Selbstbilder der Beteiligten immer mehr auf die Bewertungsleistungen ihrer Partner zugeschnitten werden. Die Aufrechterhaltung des Selbstbildes einer Person kann damit mehr und mehr von der Interaktion mit einer spezifischen Person abhängig werden. *Greenberg* und *Corwin* (1962) analysieren in ähnlicher Weise "Liebe" als Kanalisation des Geschlechtstriebes auf eine spezifische Befriedigungsquelle. Daneben betonen sie:

> "That canalization on the self may be essential before canalization on another can take place" (*Greenberg* und *Corwin* 1962, S.173).

Eine solche gegenseitige Abhängigkeit dürfte mit fortschreitender Interaktion die Beziehung stabilisieren, d.h. eine Auflösung der Dyade unwahrscheinlicher machen. Für eine solche Entwicklung dürfte dabei nicht unwesentlich sein, daß Paare, die über längere Zeit eine enge Beziehung entwickeln, eine Art privater Sprache entwickeln, mit der sie sich, ihre Beziehungen und ihre gemeinsame Umwelt beschreiben. Diese sprachliche Privatisierung, etwa emotionaler oder körperlicher Vorgänge, dürfte u.U. die Konsequenz haben, daß die betreffenden Personen nur schwer in der Lage sind, mit Außenstehenden Kommunikation über intimere Bereiche aufzunehmen. Solche Abhängikeiten dürften sich in geringerem Maße entwickeln, wenn die in einer bestimmten Dyade stabilisierten Einschätzungen und Einstellungen von der größeren Gruppe und alternativen Kontaktpartnern mitgetragen werden. Es ist deshalb auch denkbar, daß sich Abhängigkeiten nicht in Hinblick auf eine bestimmte Person, sondern auf eine Gruppe von Personen entwickelt, innerhalb der Gruppe der Wechsel des Partners relativ leicht vorsichgehen kann. Die Balance und der Zusammenhalt einer solchen Gruppe dürfte allerdings gefährdet werden, wenn sehr starke L-Relationen intransitiv werden.

Unsere Vermutung, daß der Kongruenzvorgang zu Abhänigkeiten führt und auf diese Weise zur Stabilität der Dyade beiträgt, stützt sich nicht auf empirische Materialien. Wir wollen sie deshalb nicht zum Theorem erheben. Zudem bietet die Definition von Stabilität einige Schwierigkeiten. Eine einfache Gleichsetzung von Dauer und Stabilität einer Dyade dürfte unzureichend sein, da sie mögliche Zusammenhänge verdeckt und keinen Blick auf die internen Vorgänge der Dyade freigibt. Zutreffender dürfte vielleicht eine Definition der Stabilität als Reaktionsfähigkeit der Dyade auf interne und externe Konflikte sein, die als Menge der Anpassungsstrategien dargestellt werden könnte, die eine Dyade in einem Lernprozeß erworben hat (vgl. etwa die Definition von ultra- und multistabilen Systemen bei *Klaus* 1961, S.164ff.). Hierzu müßten Gleichgewichtslagen der Dyade bestimmbar sein etwa als asymptotische Verhaltenswahrscheinlichkeiten (vgl. *Suppes* und *Atkinson* 1960) oder als Verhaltenskombinationen in Reaktionssystemen (vgl. etwa *Rosenberg* 1960). Dies ist bislang für reichhaltigere Verhaltensmengen in Dyaden nicht geleistet worden. Im letzten Kapitel werden wir auf diese Fragen noch einmal eingehen.

VI Komplementäre Bedürfnisse

Die Theorie der komplementären Bedürfnisse ist von *Winch* und *Ktsanes* in Ergänzung zu den Theorien entwickelt worden, die Paarbildungen mit Hilfe von Ähnlichkeit und Regeln der Homogamie erklären sollen. Sie soll deshalb kurz dargestellt werden. Ihre Ausarbeitung findet sich in einer Reihe von Aufsätzen (*Winch, Ktsanes* und *Ktsanes* 1953, *Winch* 1955b, *Ktsanes* 1955) und in einer Monographie (*Winch* 1958). Eine ausführliche Diskussion der Theorie bietet *Rosow* (1957). Der Theorie liegt folgender einfacher und uns schon bekannter Gedanke zu Grunde:

Die Entwicklung einer längerfristigen Beziehung zwischen zwei Personen, etwa in Form einer Ehe, hängt davon ab, ob die Individuen in der Lage sind, gegenseitig ihre Bedürfnisse zu befriedigen. Auf der Grundlage eines von *Murray* (1938) entwickelten Bedürfnissystems definieren *Winch* und seine Mitarbeiter Komplementarität für folgende Bedürfnisse: "abasement, achievement, autonomy, deference, dominance, hostility, nurturance, recognition, status aspiration, status striving, succorance". Hinzu kommen drei "general traits": "anciety, emotionality, vicariousness" (*Winch* 1958, S.90). Wir können hier weder diskutieren, ob diese Liste eine vollständige Beschreibung der für interpersonale Beziehungen relevanten Bedürfnisse darstellt, noch ob die genannten Bedürfnisse sich paarweise ausschließen oder in welchem anderen Verhältnis sie zueinander stehen. Eine Komplementarität vom Typ I soll bei den genannten Bedürfnissen dann vorliegen, wenn die beiden Individuen einer Dyade dadurch, daß sie die Bedürfnisse des jeweils Anderen befriedigen, auch in ihren eigenen Bedürfnissen befriedigt werden. Ein solches Verhältnis liegt beispielsweise dann vor, wenn einem Bedürfnis nach Dominanz auf der einen Seite ein Bedürfnis, dominiert zu werden, auf der anderen Seite entspricht. Komplementarität vom Typ II stellt weniger hohe Anforderungen an die Bedürfniskonstellation. Sie soll dann gegeben sein, wenn die Bedürfnisse der beiden Individuen auf verschiedenen Bedürfnis-"Dimensionen" liegen und sich nicht widersprechen (*Winch* 1958, S.94-95). Nach *Winch* sollen die komplementären Bedürfnisse als zusätzliche Selektionsfaktoren innerhalb einer Menge von Personen dienen, die auf Grund von Kontakt- oder Heiratsregeln für einander wählbar sind. Es wird also ein zweistufiger Selektionsprozeß postuliert:

1) Auswahl durch Kontaktregeln und –soziale– Ähnlichkeit
2) Auswahl nach der Komplementarität der Bedürfnisse.

Von *Winch* und Mitarbeitern ist nur die Stufe 2 untersucht worden. Ihre Studien beruhen auf einem Sample von 25 jung-verheirateten Paaren. Bei diesen Paaren wurde eine Fall-Geschichte aufgenommen, ein Interview über die Bedürfnisse der Partner sowie ein TAT durchgeführt. Die Daten wurden einer vielfältigen Analyse unterzogen. Q-Korrelationen für die 25 Ehepaare wurden mit Q-Korrelationen für 25 zufällig gebildete Paare und für 600 nicht verheiratete Paare verglichen (*Winch, Ktsanes* und *Ktsanes* 1953, *Winch* 1955a). Die Korrelationen für die 25 Ziel-Paare waren durchschnittlich niedriger als für die Vergleichsgruppen, jedoch nur in wenigen Fällen, entgegen den theoretischen Erwartungen, negativ. Die Korrelationen zwischen den Bedürfnissen, die durch Unterteilungen in 44 Messungen aufgespalten wurden, entsprachen häufiger den Prognosen, die sich aus beiden Typen von Komplementarität ableiten lassen, als zufällig erwartet werden konnte. Für die Prognosen der Korrelationen von Bedürfnissen nach Typ II wurden allerdings eine Reihe nicht ganz expliziter Zusatzannahmen getroffen (*Winch, Ktsanes* und *Ktsanes* 1954, *Winch* 1955b). *T.Ktsanes* (1955) schließlich unterzog die Q-Korrelationen einer Faktorenanalyse, die acht Typen ergab. In keinem der 25 Paare gehörten beide Personen dem gleichen Typ an.

Diese Untersuchungen scheinen die Theorie der komplementären Bedürfnisse im großen und ganzen zu bestätigen. Sie stellen allerdings keine unabhängigen Prüfungen dar, sondern beruhen insgesamt auf demselben kleinen Sample. Die gewisse Plausibilität und Einfachheit der Annahmen, wenn wir von der Konzeption der "Bedürfnisse" absehen, hat eine Reihe von Forschern ermuntert, die Theorie weiter zu testen. *Bowerman* und *Day* (1956) benutzten den "PPS" von *Edwards*. Von 15 Korrelationen, die bei Vorliegen einer Komplementarität vom Typ I hätten negativ ausfallen sollen, entsprachen nur 2 der Prognose. Von 210 Korrelationen nach Typ II entsprachen nur 110 der Prognose. *Schellenberg* und *Bee* (1960) arbeiteten mit demselben Instrumentarium wie *Bowerman* und *Day*. Auch sie konnten die Theorie der komplementären Bedürfnisse nicht bestätigen. Sie stellten vielmehr an Hand von 100 Paaren eine leichte Konvergenz zwischen den Bedürfnismustern der liierten Personen fest. Auch in weiteren Untersuchungen mit verschiedener Methodik ergaben sich keine Anhaltspunkte für eine mögliche Geltung der *Winchschen* Theorie (*Day* 1961, *Hofmann* 1958, *Izard* 1960a, *Kernodle* 1959, *Lundy* 1958, *Murstein* 1961, *Murstein* 1967, *Reilly, Commins* und *Steffic* 1960). Daneben finden sich nur wenige Untersuchungen, die zumindest Teil-Bestätigungen erbringen. *Secord* und *Backman* (1964) fanden, daß Komplementarität unter Umständen zu Kongruenz führen kann, die Bedeutung dieses Faktors jedoch hinter der der Ähnlichkeit zurücksteht. *Kerckhoff* und *Davis* (1962) benutzten zur Messung von Komplementarität drei "Bedürfnisse": "inclusion" (das Bedürfnis, von anderen zu engerer Interaktion aufgefordert zu werden), "control" (das Bedürfnis, andere zu kontrollieren) und "affection" (das Bedürfnis nach Zuneigung). Während für Personen, die nur kürzere Zeit (unter 18 Monaten) miteinander in engerem Kontakt standen, keine Anzeichen gefunden wurden, daß Komplementarität in den genannten Bedürfnissen eine Bedingung der Beziehungen darstellen dürfte, standen fortgeschrittenere Paare relativ häufig in einem komplementären Verhältnis. Das könnte darauf schließen lassen, daß Komplementarität einen –zusätzlichen– Stabilitätsfaktor der Dyade darstellt. Es finden sich jedoch keine Hinweise darauf, daß Komplementarität als Entwicklungsbedingung der Dyade aufzufassen ist, wie es *Winch* postuliert hat.

Es mutet merkwürdig an, daß die Theorie der komplementären Bedürfnisse, die nach den uns bekannten Forschungen als weitgehend unbestätigt zu bezeichnen ist, weiterhin ihr Leben in Lehrtexten und anderen Publikationen fristet. Das mag daran liegen, daß Beispiele für Komplementaritäten nach Typ I eine gewisse Realitätsnähe zu besitzen scheinen, die als Einzelfälle für den Laientheoretiker große Plausibilität gewinnen können. Unter diesem Blickwinkel dürften die Untersuchungen mit negativen Befunden auch nicht im strengen Sinn als Widerlegungen gewertet werden. Ein Grund dafür, daß Wirkungen von Komplementaritäten auf die dyadische Entwicklung kaum nachgewiesen sind, mag darin liegen, daß bestimmte Bedürfniskonstellationen zwar förderliche, aber nicht hinreichende oder notwendige Bedingungen der Paarbildung darstellen dürften. Hinzu kommt, daß die Komplementarität vom Typ I und II nur sehr wenige Bedürfniskonstellationen einer bestimmten Art, etwa um beim Beispiel zu bleiben, ein beiderseitiges Bedürfnis nach Dominanz, als nicht förderlich kennzeichnen. Auf einen Beweis nach den Regeln der Kombinatorik wollen wir verzichten. Die überwiegende Mehrheit aller möglichen Bedürfniskonstellationen hat der Theorie nach begünstigende Effekte auf die Paarbildung. In konkreten Fällen müßte dabei allerdings die Verteilung der Bedürfnisse in einer bestimmten Population berücksichtigt werden. Wird nun für die große Mehrheit aller möglichen Paare in einer Population auf Grund der Theorie Attraktion als mehr oder minder wahrscheinlich vorhergesagt, so ist anzunehmen, daß eine Vielzahl anderer Faktoren die speziellen Wirkungen der komplementären Bedürfnisse verdecken dürften. Werden komplementäre Bedürfnisse allerdings in einem mehr oder weniger strengen Sinne als hinreichende oder notwendige Bedingungen aufgefasst, so darf die Theorie der komplementären Bedürfnisse als nicht haltbar angesehen werden.

VII Reziprozität, Kooperation und Kommunikation

Der Reziprozität der Beziehungen zwischen Personen ist in der soziologischen Literatur einige Aufmerksamkeit gewidmet worden, so von *Gouldner* (1960 und 1967), von *Blau* (1964, bes. S.91ff) und *Homans* (1961), der den Problemkreis unter dem Stichwort der "distributiven Gerechtigkeit" abhandelt. Gegenüber den theoretischen Ausführungen dieser Autoren fehlt es an der Masse empirischer Forschung, die wir bei anderen Fragestellungen angetroffen haben. Das dürfte auf eine allgemeine Schwäche der Theorien sozialer Beziehungen zurückzuführen sein, die man als Tauschtheorien bezeichnen kann (vgl. etwa *Homans* 1958). Diese besteht darin, daß es für einen großen Teil sozialer Beziehungen bisher nicht eindeutig gelungen ist, Tauschrelationen und "Verrechnungseinheiten" zu definieren, die Voraussetzungen empirisch prüfbarer Tauschtheorien sein dürften. Aus diesem Grund kann auch nicht geklärt werden, inwieweit Kategorien des Tauschens gegenüber lerntheoretischen Ansätzen entscheidende Erkenntnisgewinne erbringen können. Dies gilt, so weit Erklärungen intendiert sind, auch für spieltheoretische Anwendungen. Wie viele sozialwissenschaftliche Begriffe dürften auch die Termini "Tausch" und "Austausch" zunächst nicht Kategorien des wissenschaftlichen Beobachters sondern der sozialen Akteure darstellen (vgl. *Hummell* 1969, S.167f). Dies sieht auch *Homans* (1958). Aus dem Umstand, daß die umgangssprachliche Behandlung interpersonaler Beziehungen häufig "ökonomisch" gefärbt ist, entnimmt *Homans* eine Aufforderung an die Soziologie, auch ihre Analysen zu "ökonomisieren". Dieses Plädoyer für wirtschaftwissenschaftliche Begriffsbildung in der Soziologie, das sich darauf stützt, daß soziale Beziehungen von den Beteiligten selbst unter zu Hilfenahme wirtschaftswissenschaftlicher Terminologie analysiert werden, können wir nicht teilen, da wir glauben, daß in diesem Fall die Sozialwissenschaften, darunter die Ökonomie, von den Laientheoretikern entlehnt haben, deren Begriffsbildung verständliche Redundanz besitzt und an augenfällige Differenzierungen anschließt, innerhalb der Wissenschaft jedoch eine sparsame Beschreibung sozialer Tatbestände beeinträchtigt und möglicherweise zu "überflüssigen" Theoriebildungen führt. Dies braucht allerdings im Fall der Tauschtheorien nicht unbedingt gegeben zu sein.

Wir können hier auf die Probleme der Konstruktion von individuellen Präferenzordnungen und interindividuell vergleichbaren Nutzenskalen nicht näher eingehen. Wir verweisen auf *Edwards* und *Tversky* (1967) oder auch *Adams* (1960). Wir können hier nur feststellen, daß bislang kein verbindliches Verfahren zur Messung interindividuell vergleichbaren Nutzens vorliegt. In dieser Situation kann sich die Forschung in weiten Bereichen sozialer Beziehungen nur auf individuelle Präferenzskalen stützen, die zumeist in Form von ordinalen Messungen oder "ordered metrics" erstellt werden dürften. Feststellungen können damit nur über Veränderungen individueller Nutzenlagen getroffen werden, die etwa auf die beiderseitigen Aktivitäten der Individuen in einer Dyade zurückgeführt werden können. Damit läßt sich die Dyade zwar als Reaktionssystem konzipieren, nicht jedoch als Tausch-Beziehung.

Reziprozität einer dyadischen Beziehung kann in lockerer Definition als wechselseitige Vermittlung von positiven oder negativen "Belohnungen" verstanden werden. Nach den geläufigen Vorstellungen soll dann "vollkommene Reziprozität" vorliegen, wenn die Beteiligten jeweils soviel "geben", wie sie "empfangen". Da dieser Ausgleich der "Leistungen" nicht interindividuell fixierbar ist, müssen individuelle Standards eingeführt werden. So bezeichnen *Thibaut* und *Kelley* zwei Verhaltensweisen oder Rollen als –vollkommen– reziprok,

> "if their co-enactment enables each person to attain the maximal outcomes available to him while fulfilling the obligations of his particular role" (*Thibaut* und *Kelley* 1959, S.146).

Eine zweite Möglichkeit, Reziprozität individuell zu messen, liegt in der Erhebung von Einschätzungen und Beurteilungen der Beteiligten etwa mit Hilfe folgender Fragen: "Glauben Sie, daß sie ebensoviel von Ihrem Partner bekommen, wie Sie ihm geben? "; "Glauben Sie, daß Ihr Partner glaubt, . . . ? ". Hier werden die Individuen selbst als "Verrechner" benutzt. Solche Verfahrensweisen haben wir schon in den Untersuchungen von *Vernon* und *Stewart* (1957) und *Blumberg* (1969) kennengelernt. Eine weitere, relativ unprätentiöse Möglichkeit der Erfassung reziproker Beziehungen besteht darin, nur auf die Erwiderung von Zu- oder Abneigungen zu achten, ohne gradmäßige Differenzen zu berücksichtigen (vgl. etwa die formalisierten Ausarbeitungen von *Katz* und *Powell* 1955 und *Davis* 1968).

In Kapitel 2 hatten wir gesehen, daß sowohl in realen wie in hypothetischen Situationen von Beteiligten wie Unbeteiligten in der Regel reziproke interpersonale Beziehungen erwartet werden. Unter Umständen tendieren Gruppenmitglieder dazu, das Ausmaß der Reziprozität in der Gruppe zu überschätzen. Für die Beurteilungen interpersonaler Beziehungen scheinen drei Qualitäten der Beziehungen ausschlaggebend zu sein: Balance, Positivität und Reziprozität. In bestimmten Strukturen bedingt Reziprozität die Balance der Struktur. In Kapitel 5 wurde Material zu einem Tatbestand vorgelegt, der sich knapp so formulieren läßt: Wenn X wahrnimmt, daß Y ihn mag, so wird X auch Y mögen. Diese Ergebnisse belegen eine allgemeine Tendenz zur Herstellung und Wahrnehmung reziproker interpersonaler Beziehungen. Da diese Beobachtungen zu einem großen Teil der Theorie struktureller Balancen subsumiert werden kann, könnte die Balance-Theorie auch als Theorie reziproker Beziehungen aufgefaßt werden. Jedoch haben einige Untersuchungen wie die von *Jordan* ergeben, daß die Aussagen der Balance-Theorie nur dann erfüllt sind, wenn positive L-Relationen vorliegen.

Die Erwiderung von negativen Akten oder Einstellungen scheint durch eine Reihe von Faktoren bestimmt zu sein, die außerhalb des Balance-Mechanismus liegen dürften. Bedeutsam scheinen vor allem die Intentionalität (*Burnstein* und *Worchel* 1962, *Pepitone* 1957), der Grad der ursächlichen Zurechenbarkeit (*Pepitone* 1958) und die Möglichkeit der Rechtfertigung (*Pastore* und *Kleinen* 1957) von negativ bewerteten Handlungen zu sein. Die Mechanik der reaktiven Abfolge negativer Akte, wie sie von der Frustrations-Aggressions-Hypothese beschrieben wird, wird unterbrochen von Situationseinschätzungen der Betroffenen, die durch sozial vermittelte Wertungen bestimmt sein dürften. *Marlow* und *Gergen* referieren eine Reihe von Untersuchungen, die ähnliche Interventionen auch für positive Beziehungen konstatieren. Sie führen aus:

> "While a person may often like another who likes him, his feelings of affection may wane sharply when he feels that the other has something to gain by liking him" (*Marlowe* und *Gergen* 1969, S.633).

Die Erwiderung von Handlungen oder Gefühlen einer Person scheint von der Bewertung der dieser Person zugeschriebenen Intentionen durch das betroffene Individuum abzuhängen, das als Kriterien Normen wie Aufrichtigkeit, Zurechnungsfähigkeit und Freiwilligkeit zur Verfügung hat.

Die Rolle einer weiteren Norm in interpersonalen Beziehungen, der "sozialen Verantwortlichkeit" (social responsibility), ist von *Berkowitz* und *Daniels* studiert worden. Sie stellen fest, daß ein Individuum um so eher bereit ist, einem anderen Individuum zu helfen, je mehr der Andere auf die Hilfe angewiesen ist (*Berkowitz* und *Daniels* 1963). Die Autoren zeigen ferner, daß die Hilfsbereitschaft einer Person steigt, wenn sie selbst zuvor Hilfe erfahren hat. Dabei schien das "Bedürfnis", eine erwiesene Hilfe zu erwidern, von einer Person auf eine andere Person übertragbar zu sein. Die Untersuchungsanordnung war so angelegt, daß die Personen, die der Versuchsperson in einer bestimmten Situation half, nicht mit der identisch war, die in einer nachfolgenden Situation auf die "Hilfe" der Versuchsperson angewiesen schien (*Berkowitz* und *Daniels* 1963 und 1964).

In einer nachfolgenden Untersuchung von *Goranson* und *Berkowitz* (1966) wurde der Design so geändert, daß in einem "treatment" helfende und hilfsbedürftige Personen identisch waren. Diese Personen wurden als Aufsichtspersonen ausgegeben, die die Tätigkeiten der Versuchsperson überprüfen sollten. Die Situation, in der die Versuchsperson der Aufsichtsperson Hilfe leisten konnte, war so definiert, daß die Aufsichtsperson Prämien für besonders gute Leistungen der Versuchsperson bekommen sollte. In den Situationen, in der eine Identität zwischen helfender und hilfsbedürftiger Person bestand, zeigten sich die Individuen eher bereit, empfangene Hilfe zu erwidern. Das Verhalten der Individuen zeigt hier nicht nur "Verantwortlichkeit" sondern auch Reziprozität. Ein besonderer Hinweis darauf findet sich in der Beobachtung, daß Individuen, denen in einer Situation Hilfe von den Aufsichtspersonen verweigert wurde, in nachfolgenden Situationen ihre Leistungen herabsetzten. Dies war nicht der Fall, wenn keine Identität der Aufsichtspersonen in den verschiedenen Situationen bestand. Wichtig dürfte für uns vor allem die Feststellung der Autoren sein, daß die Reziprozität des Verhaltens der Versuchspersonen entscheidend dadurch beeinflußt schien, ob die Hilfeleistung durch die Aufsichtspersonen freiwillig oder auf Anweisung des Versuchsleiters zu erfolgen schien.

Die genannten Untersuchungen erbrachten weiter, daß freiwillig erbrachte Hilfeleistungen die Aufsichtspersonen attraktiv erscheinen ließen. Eine Studie von *Jecker* und *Lundy* (1969) zeigt daneben, daß Hilfeleistungen oder andere "Belohnungen" nicht nur zur Zuneigung des Empfängers zum Gebenden, sondern auch zur Zuneigung des Gebenden zum Empfänger führen kann. Die Forscher fanden in Übereinstimmung mit Überlegungen zur Theorie kognitiver Dissonanzen, daß eine Person, die einer anderen etwas "Gutes tut", gegenüber der sie bis dahin negative oder neutrale Einstellungen hatte, diese anschließend attraktiver findet.

Eine weitere Norm, die möglicherweise die Wechselbeziehungen zweier Individuen bestimmt, stellt *Homans* "distributive Gerechtigkeit" dar, die besagt, daß in einer kooperativen Beziehung die Individuen für sich nicht ein maximales Ergebnis anstreben, sondern Gerechtigkeit in der Verteilung der Ergebnisse, d.h. Verteilung proportional den individuellen Beiträgen zu den Gesamtergebnissen. (*Homans* 1961, S.245 und 264). Gleichwertig der "distributiven Gerechtigkeit" ist die "Gleichheits-Norm" von *J.S.Adams*:

> "Inequity exists for Person whenever he perceives that the ratio of his outcomes to inputs and the ratio of Other's outcomes to Other's inputs are unequal" (*Adams* 1965, S.280).

Als Beleg für diese Tendenz dient *Adams* eine Untersuchung, in der er fand, daß Arbeiter nach einer Erhöhung ihrer Bezüge auch ihre Arbeitsleistungen heraufsetzten (*Adams* 1963). *Morgan* und *Sawyer* (1967) zeigen dagegen, daß in einem anderen Kontext, in von ihnen untersuchten Freundesgruppen eine strikte Gleichverteilung der Ergebnisse einer "gerechten Aufteilung" vorgezogen wurde. Eher in Richtung auf ein reziprokes Verhalten nach einer Gerechtigkeitsvorstellung scheint eine Arbeit von *Pruitt* (1968) zu deuten. Hier wird festgestellt, daß Individuen um so weniger dazu tendieren, Leistungen von anderen zu erwidern, je größer die Mittel sind, die dem Leistenden zur Verfügung stehen. Dieser Vorgang ließe sich möglicherweise in Verbindung mit dem Effekt der Freiwilligkeit von Leistungen auf reziprokes Verhalten bringen, den die Untersuchungen von *Berkowitz* u.a. erbracht haben. In beiden Fällen könnte die Erwiderung von Handlungen dadurch gefördert sein, daß die Betroffenen im Verhalten des anderen eine mehr oder weniger unkonditionierte Zuwendung wahrnehmen, die dem Betroffenen gilt. Hierin ließe sich auch der Befund von *Adams* einordnen, wenn gezeigt werden könnte, daß Überbezahlung als freiwillige Anerkennung erbrachter Leistungen wahrgenommen wurde.

Die Bedeutung wahrnehmbarer Intentionen von Handlungen für ihre Erwiderung durch ein betroffenes Individuum zeigt deutlich eine neuere Untersuchung von *Leventhal, Weiss* und *Long* (1969), in der versucht wird, verschiedene Einflüße auf reziprokes Verhalten zu separieren. Individuen erhielten zusammen mit einem simulierten Partner für ihre "gemeinsamen" Leistungen einen Geldbetrag, der vom fiktiven Partner zwischen beiden aufgeteilt wurde. Die Versuchspersonen hatten Gelegenheit, diese Aufteilung zu korrigieren. Die Aufteilungen waren so angelegt, daß die fiktive Person ihrem realen Partner entweder zu hohe oder zu niedrige Beträge zubilligte. Es zeigte sich, daß die von den Versuchspersonen durchführbaren Redistributionen der Tendenz nach Gleichheit zwischen den Parteien herstellten. In Situationen der Überbelohnung jedoch war diese Tendenz ausgeprägter, wenn die Versuchspersonen hinter den Aufteilungen absichtsvolles Handeln vermuten konnten, als dann, wenn die überhöhten Beträge Zufallsprodukte zu sein schienen. Demgegenüber war die Reagibilität der Individuen auf absichtsvolle Aufteilungen, die zu ihren Ungunsten gingen, geringer. Die Autoren vermuten hier kulturell bedingte Hemmungen bei den Untersuchten.

Wir haben verschiedene Untersuchungen vorgestellt, in denen unter unterschiedlichen Bedingungen Tendenzen zur Erwiderung bestimmter positiv oder negativ bewerteter Akte beobachtet wurden. Die erzielten Reaktionen der Untersuchten wurden in den einzelnen Arbeiten verschiedenen "Normen" wie "Verantwortlichkeit", "Gleichheit", "Gerechtigkeit" oder direkt "Reziprozität" zugeordnet. Es scheint uns fraglich, ob die geschilderten Verhaltensweisen als Ausdruck verpflichtender sozialer Standards aufgefaßt werden müssen, oder direktere auf Personen bezogene Reaktionen darstellen. Die Untersuchung von *Leventhal, Weiss* und *Long* eröffnet beide Deutungsmöglichkeiten. Entscheidend für reziprokes Verhalten dürften in jedem Falle bestimmte wahrgenommene Qualitäten der "Vorleistungen" sein, die als Auslöser oder als die Normen verstärkende Momente aufgefaßt werden können. Wir wollen behaupten, daß diesen Qualitäten gemeinsam ist, daß sie der erwidernden Person zu erkennen geben, daß das andere Individuum ihr als einer spezifischen Person bestimmte Gratifikationen zukommen lassen will.

"The attribution of some such intention or attitude seems most likely to occur when the actor freely chooses to hurt or help the other, when there is little in the situation to compel or justify the act. This is quite consistent with current theories of the attribution process . . . Thus, if O gives aid to P when he is compelled to by a third person or when he posses such large resources that the amount received by P has little value to O, then it is difficult for P to gauge O's intention or attitude" (*Burnstein* 1969, S.321).[22]

22) Zur "Attribution Theory" vergleiche *Kelley* 1967.

Unsere Vermutung geht dahin, daß ein reziprokes Verhalten um so wahrscheinlicher ist, je eher aus den Akten einer anderen Person eine mehr oder weniger unkonditionierte Akzeptierung der betroffenen Person zu entnehmen ist.

Theorem R 1: Je mehr eine Verhaltensweise eines anderen Individuums vom betroffenen Individuum als (unkonditionierte) Akzeptierung oder Ablehnung seiner Person wahrgenommen wird, um so eher wird das betroffene Individuum das Verhalten des anderen in positivem bzw. negativem Sinne erwidern.

Wir werden weiter unten sehen, daß kooperatives Verhalten eines Individuums, das einen Ausgleich zwischen den eigenen Interessen und den Interessen des anderen erbringt, dann erreicht werden kann, wenn das andere Individuum seine Verhaltensweisen an bestimmte Bedingungen knüpft.

Die fraglichen Verhaltensweisen, die in Theorem R 1 angesprochen werden, können auch innerhalb des uns interessierenden Verahltensbereiches unterschiedlicher Art sein. Inwieweit das Theorem über Verhaltensweisen wie Äußerungen von Gefühlen, Gunstbeweise, Hilfen, Verzichte etc. hinweg verallgemeinert werden kann, ist empirisch nicht belegt. Für den Fall der Reziprozität von Attraktionen liegen schon die spezielleren Theoreme A 1 und A 2 vor. Ein weiterer wichtiger Verhaltensbereich wird von *Worthy, Gary* und *Kahn* (1969) angegangen. In dieser Untersuchung wird die Kommunikation von Paaren von Untersuchungspersonen über intimere Lebensumstände als Austauschprozeß analysiert. Die Ergebnisse laßen sich in drei Verallgemeinerungen zusammenfassen: 1) Je mehr intime Informationen ein Individuum von einem anderen Individuum erhält, um so mehr intime Informationen wird es selbst dem anderen vermitteln. 2) Je mehr intime Informationen ein Individuum von einem anderen Individuum erhält, um so mehr wird es dieses Individuum mögen, 3) Je mehr sich ein Individuum zu einem anderen Individuum hingezogen fühlt, um so mehr intime Informationen wird es diesem Individuum über sich vermitteln[23]. Wenn man in der Tatsache, daß eine zweite Person uns über nähere Umstände ihres Lebens informiert, einen Hinweis auf eine Akzeptierung und positive Bewertung der eigenen Person wahrnehmen will, so dürften die Ergenisse der Untersuchung von *Worthy, Gary* und *Kahn* sowohl dem Theorem A 1 und 2 wie R 1 entsprechen. In der Erwiderung von Verhaltensweisen könnte u.U. auch eine Tendenz zur Generalisierung von Ähnlichkeiten beinhaltet sein, die wir in Kap. 3 angesprochen haben: Was eine Person für sich selbst als Gratifikation empfindet, wird auch für den anderen als belohnend angesehen. Besteht diese Vermutung zu Recht, so dürfte sich Reziprozität zunächst auf die Erwiderung der positiven oder negativen Akzente von Handlungen beziehen, während die nähere Spezifizierung durch die Übertragung der einzelnen belohnenden Momente von der einen auf die andere Person

23) Über ähnliche Beobachtungen berichtet *Jourard* (1959).

erfolgen würde. In der genannten Untersuchung sind allerdings die Verhaltensmöglichkeiten der vorleistenden wie der erwidernden Person durch die Versuchsanordnungen festgelegt.

Wichtig an der genannten Untersuchung ist, daß hier jener Verhaltensbereich unter eine Reziprozitätsbeziehung gestellt wird, der für die Kontaktanbahnung und Entwicklung von Attraktionen zentral erscheint, der Austausch von Informationen, der u.a. die Effekte der Einstellungsähnlichkeit konstituiert. Allerdings sind die verschiedenen Zusammenhänge zwischen Attraktion und Reziprozität, zwischen Vorleistung und Erwiderung konfundiert. Interessant wären hier vor allem Informationen über die zeitliche Strukturierung der Vorgänge in und zwischen den Personen. Solange diese nicht vorliegen, können die Verhältnisse von R 1 und A 1 und A 2 nicht geklärt werden. Trotz dieser Mängel scheint uns ein vorläufiges Prozeßmodell der dyadischen Beziehungen plausibel zu sein, das wir in der nachstehenden Abbildung zu skizzieren versucht haben.

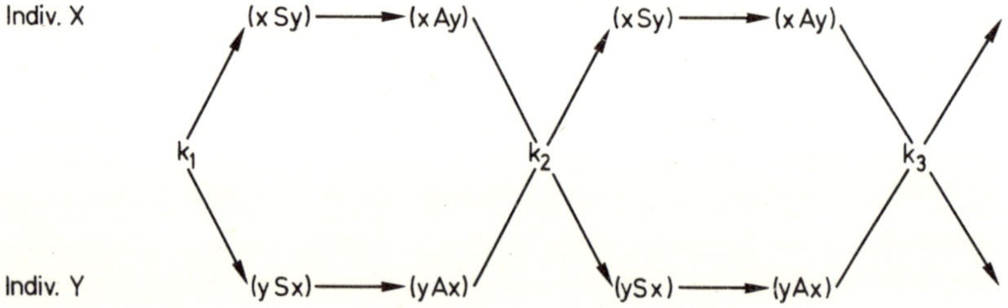

1) $K_1, K_2, \ldots, K_n$ stellen die Kontakte zwischen den Individuen X und Y dar. Sie können auch als "Kontaktintensitäten" aufgefaßt werden, die durch die Menge und Intimität der ausgetauschten Informationen zu bestimmen wäre.

2) (xSy) bzw. (ySx) bedeutet die Wahrnehmung von Informationen, die das Selbstbild des betreffenden Individuums bestärken.

3) (xAy) bzw. (yAx) stellt die Attraktion des betreffenden Individuums zum anderen dar.

4) Die eingezeichneten Pfeile geben die Abhängigkeit der einzelnen Prozeßschritte von anderen wieder. Sie können deterministisch wie probabilistisch verstanden werden.

Abb. 4. Entwicklung dyadischer Beziehungen
Modell 1

Der erste Kontakt dürfte durch externe Faktoren wie Erreichbarkeit und Ähnlichkeiten bestimmt sein. Es ist anzunehmen, daß diese Faktoren neben ihrer indirekten Wirkung über die angedeuteten Pfade auch in direkter Weise spätere Prozeßmomente beeinflußen. Diese Wirkungsmöglichkeiten sind in der Skizze nicht enthalten. Die angedeuteten Wirkungsweisen laßen sich durch die von uns formulierten Theoreme näher spezifizieren. Das dürfte für die Theoreme E 1 - 3, K 2 und A 1 keine größeren Schwierigkeiten bringen. Um Theorem K 1 berücksichtigen zu können, müßten etwa die Zeitabstände zwischen den Kontakten expliziert werden. Hier ist ein Ansatzpunkt für Einflüsse externer Faktoren. Für Theorem A 2 müßten die Verhältnisse zwischen Selbstbildern und Fremdbildern in die Skizze aufgenommen werden. So ist dieses Theorem nur implizit in (xSy) bzw. (ySx) enthalten. Theorem R 1 kann auf verschiedene Weisen auf Modell 1 bezogen werden, so auf die innerhalb der K_1, K_2 etc. ablaufenden Vorgänge, auf die Symmetrie der Beziehungen von X und Y bei den "Eingabegrößen" in K_2, K_3 etc., wie auch auf die Verhältnisse von Ein- und Ausgabegrößen beim einzelnen Individuum, die zwei benachbarte Kontakte miteinander verbinden. Modell 1 zeigt unserer Ansicht nach, daß die Folgerungen, die sich aus der bisherigen Forschung für die Entwicklung dyadischer Beziehungen ergeben, zunächst nicht zur Prognose bestimmter Prozeßverläufe, sondern zur Charakterisierung der Prozeßstruktur führt. Dabei führt die Beziehungslosigkeit, mit der Forschungen neben- und nacheinander durchgeführt werden, mehr oder minder zwangsläufig zur Mehrdeutigkeit der Theoreme in Bezug auf mögliche Prozeßmodelle. Hält man die Verknüpfung verschiedener Einzelbeziehungen zwischen bestimmten Variablen zu einem komplexeren Vorgang überhaupt für sinnvoll, so muß die Forschung zur Operationalisierung und Testung von Modellen solcher komplexeren Vorgänge übergehen. Modell 1 könnte ein Vorschlag sein. Im letzten Kapitel werden wir uns noch einmal mit ihm beschäftigen.

Modell 1 hat Ähnlichkeit mit Überlegungen von *Tagiuri*. *Tagiuri* führt die Entwicklung interpersonaler Beziehungen auf das gemeinsame Operieren von drei Faktoren zurück: Kongruenz, Gegenseitigkeit und Genauigkeit der Wahrnehmungen. Die entscheidenden Verbindungen sind seiner Ansicht nach: 1) Die Verbindung von Wahrnehmungen und Gefühlen innerhalb einer Person; 2) die Verbindung der Gefühle der einen Person mit den Wahrnehmungen der anderen Person; 3) die Gegenseitigkeit der Gefühle zwischen den Personen (*Tagiuri* 1958, S.331). Graphisch könnten diese Verbindungen folgendermaßen dargestellt werden:

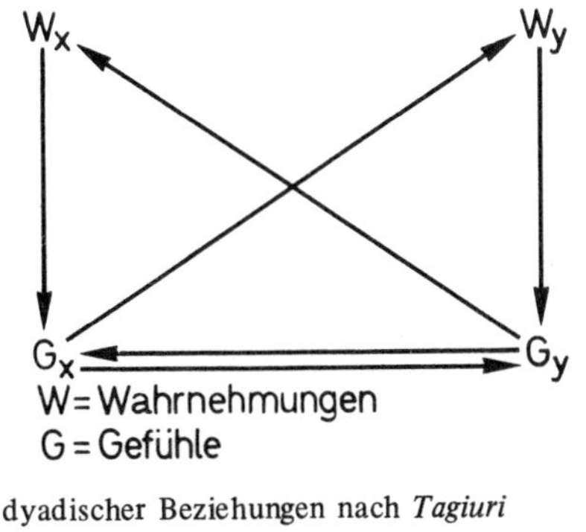

Abb. 5. Entwicklung dyadischer Beziehungen nach *Tagiuri*

Kongruenz ergibt sich nach Abbildung 5 aus dem Verhältnis der Beziehungen G_y - W_x und G_x - W_y zueinander. Unser Modell unterscheidet sich von den Überlegungen *Tagiuris* dadurch, daß es den Prozeß in zeitlich unterscheidbare Einzelschritte zerlegt, die Verbindung zwischen den Gefühlen und ihre Gegenseitigkeit in Kommunikationen, Wahrnehmungen und intrapersonale Beziehungen von Wahrnehmungen und Gefühlen aufgliedert.

Tagiuri u.a. haben in einer Reihe von Forschungen eine bestimmte Konsequenz der Gegenseitigkeit in interpersonalen Beziehungen aufgedeckt, auf die wir kurz eingehen wollen. Es wird festgestellt, daß die soziometrischen Wahlen zwischen zwei Gruppenmitgliedern von der größeren Gruppe dann häufiger wahrgenommen werden, wenn die betreffenden Wahlen reziprok sind (*Tagiuri, Blake* und *Bruner* 1953, *Tagiuri, Kogan* und *Bruner* 1955). Reziprozität von Wahlen oder Attraktionen führt demnach zur größeren Sichtbarkeit der Beziehungen zwischen zwei Personen in der Gruppe. Dieses Ergebnis wird in einer weiteren Untersuchung untermauert und durch die Beobachtung ergänzt, daß eine Wahl um so sichtbarer ist, je mehr das wählende Individuum erwartet, daß seine Wahl erwidert wird (*Tagiuri* und *Kogan* 1957). *Tagiuri* berichtet ferner, daß die Wahrscheinlichkeit, daß zwei Personen ein genaues Wissen über die beiderseitigen Gefühle zueinander besitzen besonders hoch ist, wenn ihre Gefühle reziprok sind (*Tagiuri* 1958, S. 325).

Eine genauere Analyse der hier angedeuteten Gruppenprozesse ist an dieser Stelle nicht durchzuführen. Wir wollen nur kurz auf Faktoren aufmerksam machen, die möglicherweise an der Herstellung der genannten Beobachtung beteiligt sind. Von Bedeutung für die Wahrnehmungen der Gruppenmitglieder dürften etwa Reize sein, die von den offen zu Tage liegenden Verhaltensweisen, Gesten und Haltungen zweier Personen ausgehen. So beschreibt *Schefler* (1968) in welcher Weise Körperhaltungen, Beinstellungen, Gesten eine "Sprache" werbenden Verhaltens darstellen können. Auffällig dürfte u.U. auch Augen-Kontakte zwischen zwei Personen sein, die neben der "Funktion", Kommunikationsakte zu synchronisieren, einen Beitrag dazu leisten können, "Intimität" über größere Entfernung zwischen zwei Personen herzustellen oder aufrecht zu erhalten (vgl. zu diesem Komplex *Argyle* und *Dean* 1965, *Argyle, Lallje* und *Cook* 1968, *Ellsworth* und *Carlsmith* 1968). Die Sichtbarkeit von Attraktionen kann weiter durch Zeichen wie Kleidung, Lippenstift etc. erhöht werden (Vgl. eta *McKeachie* 1968), die bei Gegenseitigkeit ihre entsprechende Interpretation finden dürften. Für die Gruppe dürften weiterhin größere Verhaltenseinheiten wie Grüßen, Gespräche etc. die Beziehungen sichtbar machen.

Die größere Sichtbarkeit reziproker Beziehungen innerhalb einer größeren Gruppe könnte dazu beitragen, daß eine Dyade sich enger zusammenschließt. Sie könnte weiter bewirken, daß ein einmal gezeigtes Attraktions-Verhalten eines Individuums länger und konsistenter aufrecht erhalten wird als dann, wenn es nicht der Beurteilung durch die Gruppe ausgesetzt ist.

Ähnliches zeigt *Gerard* (1964) in einer Konformitätsstudie nach Asch. Hieraus ergibt sich möglicherweise ein Stabilisierungseffekt der Reziprozität über die Gruppenreaktion. Eine stabilisierende und normierende Öffentlichkeit dürfte auch zur Folge haben, daß die Veröffentlichung intimerer Beziehungen ein Gegenstand des Aushandelns in der Dyade werden kann, da sie zur Fixierung erreichter "Austauschraten" beitragen kann.

Eine bisher weitgehend undiskutierte Stelle in unserem Modell 1 stellen die Vorgänge während der interpersonalen Kontakte dar, wenn wir von unseren Bemerkungen zu den Wahrnehmungsvorgängen absehen. Hier scheint uns der Ort zu sein, wo möglicherweise auch Kategorien sozialen Tauschens zum Zuge gebracht werden könnten. Wir vermuten, daß bei den Kommunikationen zweier Individuen über sich selbst und ihre Beziehungen zueinander, zu bestimmten Entwicklungspunkten vom Einzelnen Vorleistungen zur weiteren Entwicklung der Beziehung zu erbringen sind, daß also Erwiderungen auf Informationsleistungen des anderen zum Teil "überreziprok" sein dürften. Wir nehmen an, daß eine Beziehung, in der von einer bestimmten Entwicklungsstufe an "reine" reziproke Akte stattfinden, auf dem erreichten Attraktionsniveau verharren. *Waller* beschreibt die "strategischen" Aspekte des Vorantreibens einer Beziehung zwar etwas reisserisch aber vielleicht nicht unzutreffend so:

> "The process goes on in this way as a sort of mutual exposure of the possibilities of involvement. Each tries to obtain a hold upon the other, knowing that the fire which can burn the other can also scorch his own skin" (*Waller* 1951, S.178).

Waller ist in seinen Ausführungen relativ stark an der Entwicklung von Abhängigkeiten und "ausbeuterischen" Beziehungen interessiert. Kontrolle und Ausbeutung des einen durch den anderen folgen nach *Waller* dem "principle of least interest".

> "That person is able to dictate the conditions of associations whose interest in the continuation of affair is least" (*Waller* 1951, S.191).

Derjenige also, der das größere Interesse besitzt, muß versuchen, den anderen in zumindest gleichem Maße zu interessieren, ohne daß dabei sein eigenes Interesse allzu deutlich wird. Schwierigkeiten ergeben sich daraus, daß die beiderseitigen Interessen der Individuen zunächst nicht bekannt sind und auch möglicherweise nicht ohne weiteres direkt erkundet werden können, da solche Explorationen selbst –noch unerwünschte– Informationen über den Explorateur darstellen können. *Thibaut* und *Kelley* bemerken, daß beiderseitige Unsicherheit dazu führt, daß Personen sich zu Beginn ihrer Beziehungen auf standardisierte Verhaltensweisen und stereotype Kommunikation beschränken.

> "In this manner each one gradually becomes dependent on the relationship without knowing how the other one really feels about it. This state of *pluralistic ignorance* leads to intermittent crises, or "lovers' quarrels", in the course of which each partner, by means of temporary withdrawal or separation, tests the other's dependence on the

relationship. If adquate demonstrations of affection are provoked, the dyad is strengthened (*Thibaut* und *Kelley* 1959, S.66;) Hervorhebung durch die Autoren.

Diese mehr essayistischen Beschreibungen dürften eine Reihe von Erfahrungen decken, die Individuen in ihren Beziehungen miteinander machen. Ihre Basis in empirischer Forschung ist jedoch nicht allzu groß. Festgestellt wurde, daß eine "gemischte Strategie" von belohnendem und bestrafendem Verhalten das Verhalten des anderen stärker kontrollieren und steuern kann, als ein rein belohnendes Verhalten.

"Stimuli associated with both rewards and punishments may actually serve as a stronger incentive than stimuli connected only with rewards; the former mixture may perhaps engender internal conflict which in turn gives rise to stronger anticipatory goal responses" (*Berkowitz* 1969, S.78).

Das Individuum in der Dyade, das die Möglichkeit besitzt, sowohl Zuneigung und Bestärkung zu zeigen wie auch solche Demonstrationen in bestimmten Situationen zu unterlassen, dürfte in der Lage sein, das Verhalten des anderen Individuums stärker zu steuern, als es selbst gesteuert wird, ohne daß das andere Individuum auf Grund der dosierten Frustrationen die Beziehung verläßt. Daß Verhaltensweisen durch Versagungen nicht geschwächt, sondern auch verstärkt werden können, ist in Untersuchungen zur Theorie kognitiver Dissonanzen ein bekanntes Phänomen (vgl. etwa *Aronson* und *Mills* 1959). Uns wird im weiteren noch der Fall beschäftigen, wo beide Parteien über Möglichkeiten der gegenseitigen Belohnung und Bestrafung verfügen. Ein entscheidendes Problem für die Vorgänge innerhalb der Kontaktphasen dürfte darin bestehen, in welcher Weise Individuen lernen in der Dyade bestimmte Verhaltensstrategien zu benutzen. Zur Diskussion steht vor allem, wie zwei Personen lernen, miteinander zu kooperieren, d.h. ihre Verhaltensweisen so zu koordinieren, daß den Interessen beider in gewissem Umfang genügt wird. Untersuchungen dieser Frage haben in den letzten 15 Jahren stark zugenommen und bilden in Form der "experimentellen Spiele" in den Journalen schon eine kleine Flut. Die kurze Geschichte dieses Forschungszweigs bringt es mit sich, daß Untersuchungen von Interaktionssituationen durchgeführt werden, die unter sehr restriktiven Bedingungen stehen. Die Frage, wieweit die Ergebnisse dieser Forschungen externe Validität beanspruchen können, dürfte heute kaum zu beantworten sein. So ist für isolierte Zwei-Personen-Spiele problematisch, ob sie den gleichen Verlauf nehmen würden, wenn sie in natürlichen Situationen unter Beobachtung und Kontrolle von Dritten durchgeführt werden. Weiterhin scheint diskussionswürdig, inwieweit die experimentellen Auszahlungsanordnungen ein reales Gegenüber besitzen. Die beliebige Wiederholbarkeit von "Spielen" im Experiment dürfte ebenfalls außerhalb des Laboratoriums kaum gegeben sein, dürfte jedoch in unserem Fall günstig sein, wenn wir uns für die Entwicklung kooperativen Verhaltens über eine Vielzahl von aufeinander folgenden Kontaktsituationen hinweg interessieren. Die Untersuchungen im Rahmen experimenteller Spiele verzeichnen in der Regel nur Verhaltenssequenzen, die durch die Spielanordnung definiert sind. Motivationale Bedingungen des Verhaltens bleiben häufig ausgeblendet. Auch von hier aus ist die Generalisierbarkeit der Forschungen in Frage gestellt. Eine gewichtige Einschränkung ist weiter dadurch gegeben, daß die untersuchten Personen keine Möglichkeit besitzen, die Struktur des Spieles, die durch Handlungsalternativen und Auszahlungen weitgehend festgelegt ist, in einem Lernvorgang zu ändern. An dieser Stelle dürften möglicherweise psychologische und soziologische Interessen an experimentellen Spielen divergieren und sich deutlich die problematische Relevanz dieser Forschung für die Lösung sozialer Konflikte abzeichnen. Für eine ausführlichere Diskussion der Validitätsprobleme und damit auch der Relevanz experimenteller Spiele verweisen wir auf *Hermann* (1967).

Wir wollen die Untersuchungen experimenteller Spiele als Untersuchungen von Modellen sozialer Interaktion auffassen, in denen zwischen Menschen oder zwischen Mensch und Maschine bestimmte Ausschnitte sozialer Prozesse simuliert werden. Simulation bedeutet dabei nicht, daß die Untersuchten selbst in jedem Fall sich nur rein "spielerisch" verhielten. Die Vorteile dieser experimentellen Untersuchungen von Kooperation und Konflikt liegen darin, daß eine Reihe von wichtigen Bestandteilen etwa einer Konfliktsituation systematisch variiert werden können. Wichtige Variationsmöglichkeiten der Spielsituationen ergeben sich aus der Information der Spieler über Gegenspieler und Auszahlungen, aus der Menge der Handlungsalternativen, aus der Struktur und Höhe der Auszahlungen, aus der Zahl der Spieler, aus den Kommunikationsmöglichkeiten zwischen den Spielern, aus der Verknüpfung mehrer Spiele miteinander. Hieraus ergibt sich die Möglichkeit, das Experiment ausgehend von sehr restriktiven Bedingungen in gewissem Maß immer mehr bestimmten realen Situationen anzugleichen.

Das extremste Beispiel restriktiver Bedingungen dürfte die sog. "minimale soziale Situation" darstellen (vgl. etwa *Sidowski, Wycoff* und *Tabory* 1956). In diesen Situationen "interagieren" zwei Personen miteinander, ohne daß sie von der Existenz des anderen wissen. Die "Interaktion" besteht darin, daß die Ergebnisse der Handlungen des einen Individuums von denen des anderen Individuums und umgekehrt abhängen. Ein Beispiel solcher Abhängigkeit bringt die Ergebnis-Matrix in Abb. 6. Den Individuen stehen zwei Handlungsmöglichkeiten zur Verfügung, A und B bzw. A′ und B′. Die Ergebnisse des 1.Individuums stehen in den Zellen der Matrix jeweils unter dem Diagonal-Strich. Ein "+" bedeutet ein positives Ergebnis in bestimmter Höhe, ein "–" ein negatives Ergebnis.

Die Situation in Abbildung 6 wird von *Thibaut* und *Kelley* als "mutual fate control"-Situation bezeichnet, da die Ergebnisse des einen Individuums von den Handlungen des anderen bestimmt werden, unabhängig davon, welche Handlungen (A oder B bzw. A′ oder B′) es selbst durchführt (*Thibaut* und *Kelley* 1959, S.102ff). Abbildung 7 zeigt eine sog. "behavior control"-Situation, in der die individuellen Ergebnisse von den Handlungen beider Parteien bestimmt werden und die Individuen über die Ergebnisse die Chance besitzen, das Verhalten des anderen zu steuern.

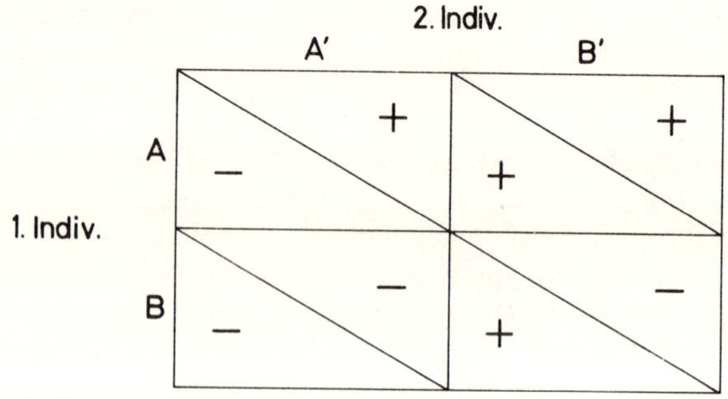

Abb. 6. Ergebnis-Matrix einer "mutual fate control"-Situation

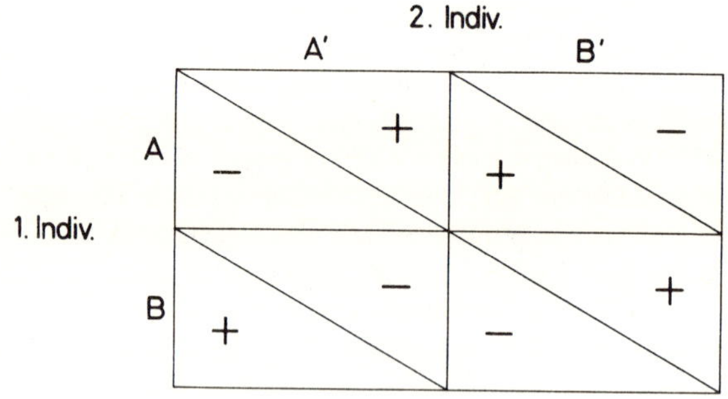

Abb. 7. Ergebnismatrix einer "behavior control"-Situation

Die beiden Situationen in den Abb. 6 und 7 lassen sich auch mischen, in dem etwa für das Ereignis (B,B') beide Ergebnisse als positiv festgelegt werden. *Kelley, Thibaut, Radloff* und *Mundy* (1962) (im folgenden zitiert als *Kelley* et al.) zeigen, daß in der "mutual fate control"-Situation Individuen mit zunehmender Zahl aufeinander folgender Versuche mit wachsender Häufigkeit zu beiderseitigen positiven Ergebnissen gelangen. Dies geschieht jedoch nur, wenn beide Individuen gleichzeitig ihre Handlungen festlegen. Bei alternierender Handlungsabfolge erreichen die Individuen nur in wenigen Fällen positive Symmetrie. Das Verhalten der Individuen im Experiment wird von Kelley et al. mit der Regel: "win - stay" "lose - change" beschrieben. Mit dieser Regel kann das Verhalten der Individuen nach der ersten Handlung relativ sicher vorausgesagt werden. Nach Abbildung 6 könnte sich folgende Sequenz ergeben:

1. Indiv.	A ⤫ –		B ⤫ –		A ⤫ +		A . . .
2. Indiv.	A′ ⤫ +	;	A′ ⤫ –	;	B′ ⤫ +	;	B . . .

Rabinowitz, Kelley und *Rosenblatt* (1966) führten gleichfalls ein Experiment in einer minimalen sozialen Situation durch. Neben der "mutual fate control"-Situation führten sie auch eine gemischte Situation ein. Daneben war es einigen Individuen freigestellt, wann sie ihre Handlungen ausführten. Unter der Bedingung, daß die Handlungen zweier Individuen nicht vom Experimentator koordiniert wurden, führten gemischte Situationen zu größerer positiver Symmetrie als die Situationen der reinen Ergebniskontrolle. Auch dieses Ergebnis läßt sich nach der "win - stay; lose - change"-Regel vorhersagen.

Eine erste Annäherung der minimalen sozialen Situation an realere Verhältnisse kann dadurch erreicht werden, daß die untersuchten Personen über die Existenz eines "Mitspielers" informiert werden. *Kelley* et al. stellen fest, daß unter dieser Bedingung Vpn. sich häufiger gegenseitig zu positiven Ergebnissen verhelfen können, als dann, wenn sie nicht von einander wissen. Das zeigt ein Vergleich der Anteile positiver Ergebnisse an den Gesamtergebnissen innerhalb von fünf aufeinander folgenden Blöcken zu je 35 Durchgängen (vgl. Tab.2). In der Tabelle sind nur die Werte für Paare widergegeben, deren Handlungen gleichzeitig erfolgten.

Tab.2. Anteile positiver Ergebnisse an den Gesamtergebnissen bei informierten und uninformierten Paaren (nach *Kelley* et al. 1962)

	Blöcke				
	1	2	3	4	5
Informiert	73%	80%	89%	93%	96%
Uninformiert	56%	62%	66%	73%	73%

Eine Befragung der informierten Versuchspersonen nach Abschluß der Untersuchung ergab, daß die Individuen von ihren Partnern erwarteten, daß sie sich nach der "win - stay; lose - change" -Regel verhalten würden. Das gab ihnen die Möglichkeit zu testen, welcher ihrer Akte für den anderen positive Ergebnisse erbrachte und damit die Handlungen des anderen festzulegen. Die Untersuchung von *Kelley* et al. gibt uns einen Hinweis auf eine wichtige Bedingung, unter der Individuen lernen miteinander zu kooperieren: Die Kooperation zwischen zwei Individuen dürfte um so effektiver sein und sich um so schneller entwickeln (vgl. Tab.2), je sicherer die Individuen das Verhalten ihrer Interaktionspartner voraussagen können. Voraussetzung hierfür ist, daß beiderseitiges kooperatives Verhalten für beide Individuen einträglicher ist als konfligierendes oder rein individualistisches Verhalten. Wir wollen diese Voraussetzung für zwei Personen in einer Attraktionsbeziehung als gegeben ansehen, zumindest für den Beginn der Beziehung.

Situationen, in denen das Individuum konfligierende, kooperierende oder individualistische Strategien verfolgen kann, werden in der Spieltheorie als "mixed-motive games" beschrieben. Die Auszahlungsmatrix wird so gewählt, daß ein Spieler entscheiden kann, 1) seine eigenen Ergebnisse zu maximieren, 2) die Ergebnisse beider Parteien zu maximieren oder 3) die Differenz zwischen seinen Ergebnissen und denen des Mitspielers zu maximieren. Dabei sind strategische Absicht und tatsächliches Ergebnis zumeist nicht identisch. "Mixed-motive games" sind typischerweise Nicht-Nullsummen-Spiele. Das bekannteste Beispiel eines Nicht-Null-Zwei-Personen-Spiels dürfte das sog. "Gefangenen-Dilemma" darstellen, das in der experimentellen Spielforschung eine bevorzugte Stellung einnimmt. Eine ausführliche Darstellung dieses Spiel-Typs bieten *Rapoport* und *Chammah* (1965). Eine Übersicht über experimentelle Spiele allgemein bis 1961 findet sich bei *Rapoport* und *Orwant* (1962). Neuere Forschungen werden von *Burnstein* (1969, S.357-396) behandelt. Eine elementare Einführung in die spieltheoretische Behandlung von Zwei-Personen-Spielen, die hier jedoch nicht referiert zu werden braucht, gibt *Rapoport* (1966).

Abbildung 8 zeigt die Auszahlungs-Matrix des Gefangenen-Dilemmas in allgemeiner Form.

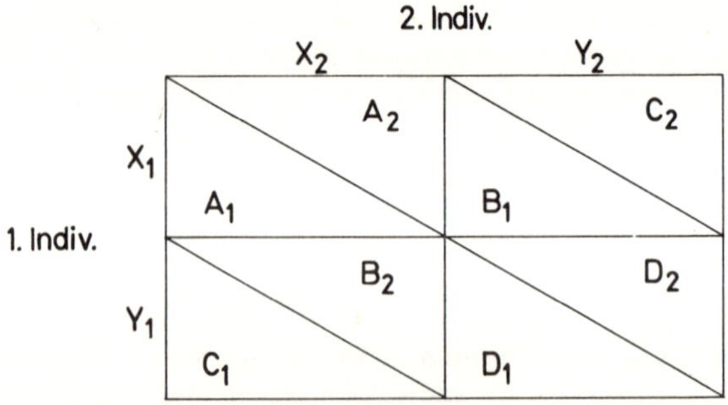

Abb.8. Auszahlungs-Matrix des Gefangenen-Dilemmas

Es gilt: $B_i < D_i < A_i < C_i$ und $B_i + C_i < 2 A_i$ i für i = 1, 2. In einer Reihe von Untersuchungen werden die Ergebnisse so festgelegt, daß $A_1 = A_2$ und $B_1 = B_2$ etc. sind. Es handelt sich dann um ein "symmetrisches Spiel". Das Dilemma der Situation besteht darin, daß beide Spieler, wenn sie versuchen, ihr bestes Ergebnis (C) zu erreichen, eine geringere Auszahlung (D) erhalten, als wenn sie in Kooperation (A) anstreben würden. Ist ein Spieler kooperativ und wählt (X), so steht er immer in Gefahr, durch die Wahl von (Y) durch seinen Kontrahenten nur seine geringste Auszahlung (B) zu erhalten. Eine Wahl von (X) soll ein kooperativer Zug, eine Wahl von (Y) ein nichtkooperativer Zug heißen. Die beschriebene Situation scheint also geeignet zu sein, die Entwicklung kooperativen Verhaltens zwischen zwei Personen zu untersuchen. Sie ist allerdings nur ein rudimentäres Abbild einer realen, durch mehr oder minder große Attraktion gekennzeichneten dyadischen Situation.

Im Verlauf der Forschungen im Rahmen experimenteller Spiele hat sich allerdings herausgestellt, daß das Gefangenen-Dilemma gegenüber anderen Spieltypen nur relativ geringe Anreize zur Kooperation zu besitzen scheint. In den meisten Experimenten entfallen auf kooperative Züge in der Regel weniger als 50% aller Züge (vgl. den Übersichtsartikel von *Gallo* und *McClintock* 1965). Die Ergebnisse von *Oskamp* und *Perlam* (1965), die für Untersuchte bis zu 80% kooperative Züge zeigen, dürften eher eine Ausnahme darstellen. Dabei muß beachtet werden, daß die Definition kooperativen Verhaltens für die Untersuchten in einigen Fällen nicht so eindeutig zu sein scheint, wie es der Spieltheorie nach der Fall ist, d.h. nicht alle "Spieler" sehen in der Maximierung der gemeinsamen Ergebnisse die alleinige Form von Kooperation (vgl. *Komorita* 1965).

Das kooperative oder nicht-kooperative Verhalten der Untersuchten verändert sich entlang der Sequenz von Spielen, die von Paaren von Individuen ausgeführt werden. Die Länge der Sequenzen schwankt zwischen den verschiedenen Untersuchungen etwa zwischen 10 bis 300 Spielen pro Paar. Es zeigt sich, daß die Anteile kooperativer Züge für aufeinander folgende Blöcke innerhalb der Sequenzen sich nicht-linear verändern. Nach einem relativ hohen Maß an Kooperation in den ersten Spielen scheint die Kooperationsbereitschaft der Spieler stark abzunehmen, bis im Verlauf weiterer Spiele wieder je nach Spielbedingung ein mehr oder minder hohes Maß an Kooperation erreicht wird. Typische Beispiele für diese Verlaufsform finden sich in den Untersuchungen von *Radlow* (1965) und *Morehouse* (1966). Eine psychologische Deutung dieses Verhaltensmusters könnte sein, daß die anfängliche Bereitschaft zu kooperieren durch ausbeuterisches Verhalten des anderen gestört wird bzw. der Spieler selbst wahrnimmt, daß das kooperative Verhalten des anderen ihm die Möglichkeit zu hohen Auszahlungen eröffnet. Eine Verteidigung gegen den unkooperativen Kontrahenten ist einem Spieler nur dadurch gegeben, daß er selbst nicht weiter kooperiert. In dieser Situation, die durch gegenseitiges Mißtrauen gekennzeichnet ist, kann sich gegenseitige Kooperation nur dann wieder entwickeln, wenn einer der beiden Spieler unter dem Risiko der Ausbeutung in seinem Spielverhalten Angebote zur Kooperation macht. In Situationen, in denen die Parteien nur aus dem Verhalten des anderen während der Spiele Informationen über den anderen erhalten, stellt die Erreichung eines gewissen Maßes an beiderseitiger Kooperation über Vorleistungen und Opfer in der Regel ein langwieriges Geschäft dar. Vergleicht man experimentelle Spiele mit und ohne Möglichkeit für die Untersuchten miteinander zu kommunizieren, so kann man zu dem Schluß gelangen, daß eine Steuerung des anderen über reine Verhaltensäußerungen relativ ineffektiv ist.

Rapoport und *Chammah* (1965b) haben für das Verhalten der Spieler in einem Gefangenen-Dilemma ohne Kommunikationsmöglichkeiten zwischen den Spielern eine Reihe von Wahrscheinlichkeiten bestimmt, die Aufschlüsse darüber geben können, inwieweit es den Spielern möglich sein dürfte, von nicht-kooperativen zu kooperativen Spielverhalten überzugehen. *Rapoport* und *Dale* (1966) diskutieren an Hand dieser Wahrscheinlichkeiten die Angemessenheit von vier formalisierten Verhaltensmodellen für das Gefangenen-Dilemma. X'_1, Y'_2 bzw. Y'_1 und Y'_2 (vgl. Abb.8) seien die Wahlen der beiden Individuen, die ihren Wahlen X oder Y unmittelbar vorausgehen. Gesucht werden die bedingten Wahrscheinlichkeiten der Wahlen von X oder Y unter der Voraussetzung, daß die Individuen im vorausgehenden Spiel bestimmte Wahlen getroffen haben:

$$x_1 = p\ (X_1 / X'_1\ X'_2)$$
$$y_1 = p\ (X_1 / X'_1\ Y'_2)$$
$$z_1 = p\ (X_1 / Y'_1\ X'_2)$$
$$w_1 = p\ (X_1 / Y'_1\ Y'_2)$$

y_1 gibt z.B. die Wahrscheinlichkeit an, daß ein Individuum eine kooperative Wahl trifft, nachdem es zuvor kooperiert hat, sein Gegenspieler sich jedoch nicht kooperativ verhalten hat, also die Wahrscheinlichkeit, daß eine Person fortfährt, Angebote zur Kooperation zu machen, obwohl der Kontrahent im vorangehenden Spiel kein Anzeichen von Kooperation gegeben hat. Die Wahrscheinlichkeiten wurden für gleich- und gemischtgeschlechtliche Paare bestimmt. Dabei stellte sich heraus, daß die Kooperationsfreudigkeit weiblicher Untersuchter leicht hinter der männlicher Untersuchter zurücksteht. In Tab. 3 sind die Wahrscheinlichkeiten für männliche und weibliche Untersuchte in gemischten Paaren aufgeführt.

Tab. 3. Übergangswahrscheinlichkeiten im Gefangenen-Dilemma (nach *Rapoport* und *Chammah* 1965, S.835).

	x	y	1–z	1–w
Männer	.80	.40	.67	.79
Frauen	.78	.44	.71	.78

Die Bereitschaft zur Kooperation scheint nach diesen Daten dann am stärksten zu sein, wenn beide Partner sich bereits kooperativ verhalten haben. Tabelle 3 zeigt daneben deutlich, daß Kooperationsversuche häufiger fehlschlagen als gelingen dürften, wenn die Spieler einmal die Basis gemeinsamer Kooperation verlassen haben. Gelingt es den Parteien nicht, in den ersten Kontakten ein kooperatives Verhältnis zu errichten, so ist es relativ unwahrscheinlich, daß sie es in einem späteren Stadium erreichen. *Rapoport* und *Dale* zeigen, daß die Sequenzen, die den Durschnittswerten in Tabelle 3 zu Grunde liegen, am ehesten durch ein stochastisches Lernmodell vom Bush-Mosteller-Typ beschrieben werden können.

Wir werden im folgenden eine Reihe von Bedingungen anführen, die geeignet scheinen, kooperatives Verhalten in verschiedenen Experiment-Situationen zu fördern. Eine Übertragbarkeit auf Feld-Situationen dürfte dabei in vielen Fällen nur bedingt gegeben sein. *Gallo* (1966) vergleicht z.B. Spielsituationen, in denen die Untersuchungspersonen um imaginäres Geld spielen, mit Situationen, in denen reales Geld als Auszahlung benutzt wird. Er beobachtet, daß Individuen sich unter der zweiten Bedingung häufiger kooperativ verhalten, als unter der ersten. Ein ähnliches Ergebnis können *McClintock* und *McNeel* (1966) vorweisen. Sie finden, daß höhere Auszahlungen stärkere Anreize zur Kooperation zu bieten scheinen als niedrige Gewinne oder Verluste. Diese Feststellungen können einmal im Hinblick auf ein bestimmtes Risiko-Verhalten interpretiert werden, zum anderen besteht die Möglichkeit, daß die Individuen bei einer bestimmten Auszahlungsart stärker auf Eigenheiten der Spielstruktur aufmerksam gemacht werden, die kooperatives Verhalten nahelegen.

In vier Experiment-Anordnungen zu einem "mixed-motive game", in denen ein Partner ohne Wissen der Versuchsperson vom Experimentator simuliert wurde, kann *Sermat* (1967) bei den Individuen einen kontinuierlichen Anstieg kooperativen Verhaltens erzeugen. Nach 30 Vorversuchen, in denen der simulierte Spieler entweder nur kooperierte oder nur nicht kooperierte, wurden pro Versuchsperson 200 Versuche durchgeführt, in denen der simulierte Partner die Handlungen der Versuchsperson jeweils im Abstand von einem Versuch wiederholte. Kooperation wurde dann am häufigsten erzielt, wenn der simulierte Partner nach einem kooperativen Verhalten in den Vorversuchen im ersten Versuch der nachfolgenden Serie gleichfalls kooperierte.

In einem Nicht-Nullsummen-Spiel wurde von *Solomon* (1960) gleichfalls ein simulierter Spieler eingesetzt. Die Auszahlungsmatrix wurde so variiert, daß der simulierte Spieler unterschiedlich großen Einfluß auf die Ergebnisse der Versuchsperson nehmen konnte. *Solomon* resümiert:

> "Under conditions of equal power, S (die Versuchsperson) tends to respond to an unconditionally cooperative O (der simulierte Spieler) with exploitative game behavior and less liking, whereas he tends to be cooperative and have greater liking for the conditionally cooperative O. This difference reversed itself under the unequal power conditions" (*Solomon* 1960, S.229).

Solomon bestätigt damit unsere Vermutung, daß ein rein belohnendes Verhalten die Handlungen eines anderen weniger effektiv steuern kann, als ein bedingt belohnendes Verhalten, das auf die Handlungen des anderen reagiert.

Eine Reihe der genannten Studien von *Kelley* et al. bis *Solomon* deuten darauf hin, daß Individuen dann besonders kooperationsfähig zu sein scheinen, wenn sie sichere Anzeichen für eine Kooperationsbereitschaft des anderen erkennen können und in der kommunikationslosen Situation aus dem bisherigen Verhalten des Partners sichere Prognosen über sein zukünftiges Verhalten unter bestimmten Bedingungen, die sich u.a. auf ihr eigenes Verhalten beziehen können, treffen können[24]. "Kooperationsbereitschaft" ist hier kein Terminus, der sich auf die –wissenschaftliche– Beobachtung von Verhaltensweisen eines Individuums bezieht, sondern ein Begriff, mit dessen Hilfe sich die Handelnden möglicherweise selbst analysieren und insbesondere das von ihnen beobachtete Verhalten des anderen zu einer Disposition verallgemeinern (vgl. zu diesem Vorgang *Jones* und *Davis* 1965). Die Ergebnisse von *Solomon* bieten eine Parallele zur Untersuchung von *Berkowitz* und *Goranson* (1966) (vgl. S.75). Kooperatives Verhalten des potenteren Partners könnte u.U. auf eine gewisse Freiwilligkeit und Zugeneigtheit in seinem Verhalten schließen lassen, die es zu erwidern gilt, während ein bedingungslos kooperatives Verhalten eines gleich starken Partners als "ausbeutungswürdige Dummheit" interpretiert werden könnte. Die Kooperationswilligkeit der Individuen unter den verschiedenen Bedingungen bei *Solomon* könnte jedoch auch auf das mögliche Sanktionspotential des anderen zurückgeführt werden. In diesen Rahmen fällt u.U. eine Untersuchung von *Marlowe, Gergen* und *Doob* (1966). Die Autoren können zeigen, daß Individuen eine kooperationswillige Kontaktperson relativ häufig ausnutzen, wenn sie keinen weiteren Kontakt mit ihr erwarten, nicht jedoch, wenn eine Fortsetzung der Interaktionen zu erwarten ist. Ist der Partner jedoch unkooperativ, so verhalten sich Individuen bei Erwartung weiterer Kontakte häufig auch unkooperativ.

Ähnlich wie *Sermat* haben auch *Bixenstine* und *Wilson* (1963) einen Versuch unternommen, durch bestimmte Verhaltenssequenzen eines simulierten Spielers kooperatives Verhalten bei den Untersuchten zu erzeugen. Sie konstatieren dann einen Anstieg in der Kooperativität eines Individuums, wenn die kooperativen Züge des simulierten Spielers im Verlauf einer Reihe von Spielen immer häufiger werden. *Scodel* (1962) beobachtet, daß eine simulierte Verhaltenssequenz, die von anfänglicher Nicht-Kooperation zu kooperativen Akten überwechselt, bei den Individuen häufiger Kooperation hervorruft, als wenn der simulierte Partner von Beginn an kooperiert. Etwas differenzierter fallen die Befunde von *Harford* und *Solomon* (1967) aus. Sie notieren dann einen besonderen Anstieg an Kooperationen bei den untersuchten Individuen, wenn der simulierte Partner von anfänglicher Nicht-Kooperation über eine Phase unbedingter Kooperation zu einer Strategie bedingter Kooperation übergeht. Sie vergleichen diesen Verhaltensablauf mit einer Sequenz, in der ein Übergang von anfänglich unbedingter Kooperation zu bedingt kooperativem Verhalten simuliert wird. Wieweit diese experimentellen Manipulationen auf reale Manipulationsversuche über-

24) *Gallo* (1969) stellt fest, daß kooperativen Individuen Persönlichkeitszüge zugeschrieben werden, die ein Individuum an sich selbst wahrnimmt. Das könnte u.U. zur Prognosesicherheit beitragen.

tragen werden können, dürfte mit davon abhängen, inwieweit es dem Manipulator gelingt, sich nicht reaktiv dem anderen gegenüber zu verhalten. Was das Verhalten der manipulierten Individuen betrifft, dürfte es sich auf eine Reihe motivationaler und kognitiver Faktoren gründen, die in den genannten Experimenten nicht explizit gemacht werden. Wir glauben jedoch zwei Momente festhalten zu können: ein Individuum scheint besonders dann in der Lage zu sein, in den Dilemmata der Spielsituationen und möglicherweise auch realer Situationen kooperatives Verhalten zu erlernen, wenn das Verhalten des Partners einen konsistenten, prognostizierbaren Verlauf nimmt, der das Verhalten des Individuums in Richtung auf Kooperation verstärkt. Daneben scheint es für den angezielten Lernprozeß erforderlich zu sein, daß das Verhalten des anderen in bestimmtem Maße differenziert ist, also auch Nicht-Kooperation aufweist, um die Ergebnisse einzelner Handlungen des Individuums in deutliche Abhängigkeit vom Verhalten des anderen zu bringen und ausbeuterischen Neigungen vorzubeugen. Wir glauben damit in der Lage zu sein, ein weiteres Theorem zu formulieren:

Theorem R 2: Unter der Bedingung, daß Kooperation die besten gemeinsamen Ergebnisse erbringt, werden sich die Individuen in der Dyade um so kooperativer verhalten, je sicherer sie von ihren Partnern unter der Voraussetzung, daß sie selbst kooperieren, Kooperation erwarten können.

Wir hatten schon darauf hingewiesen, daß die Steuerung des Verhaltens eines Individuums durch das reine Spielverhalten des anderen relativ ineffektiv sein dürfte, es sei denn, daß dieses Verhalten so prägnante Verlaufsformen aufwiese, wie in den Untersuchungen von *Scodel* und anderen Forschern. Experimentelle Spiele haben ergeben, daß die Erwartungsunsicherheit der Individuen, die zu defensivem und unkooperativem Verhalten beitragen dürfte, dann abgebaut werden könnte, wenn den Spielern Möglichkeiten der Kommunikation miteinander gegeben wird. So hat sich allgemein herausgestellt, daß Situationen, die Kommunikation über das gegenseitige Erkennen der Verhaltensweisen hinaus zulassen, weitaus häufiger zu Kooperationen führen als kommunikationslose Situationen (vgl. etwa *Deutsch* und *Kraus* 1962, *Swensson* 1967). *Krauss* und *Deutsch* (1966) ermitteln, daß Kommunikationen innerhalb einer Serie von Spielen die nachfolgende Kooperation stärker fördern als Kommunikation vor der Serie. Der spezielle Punkt scheint hier der zu sein, daß den Individuen Gelegenheit gegeben wird, ihre frustrierenden Erfahrungen in einem "bargaining" zu verwerten. In einer früheren Untersuchung zu einem Nicht-Nullsummen-Spiel setzt *Deutsch* (1960) die Effekte von schriftlicher Kommunikation zu bestimmten Spiel-Intentionen der Befragten in Beziehung. Diese Intentionen waren experimentell erzeugt. Er stellte fest, daß nicht-kooperativ orientierte Individuen die Kommunikationsmöglichkeiten dazu benutzen, irrelevante oder irreführende Noten zu übermitteln. Individualistisch oder kooperativ orientierte Individuen benutzen die Gelegenheit dagegen in der

Mehrzahl zu kooperativen Vereinbarungen. Den größten Anstieg an Kooperation auf Grund von Kommunikation ergab sich in der Gruppe der individualistisch orientierten Individuen. Ähnlich wie *Deutsch* ist *Loomis* an der Entwicklung einer Beziehung zwischen zwei Personen interssiert, die er mit "trust" bezeichnet. *Loomis* schreibt:

> "The perception of a cooperative intention and expectation may be termed a state of perceived mutual trust in which the individual understands that the other person is aware, and believes that the individual is aware, that there is no reasonable alternative but cooperation available to either of them as long as they remain promotive interdependent" (*Loomis* 1959, S.306).

In einem Nicht-Nullsummen-Spiel stellt *Loomis* den Untersuchten vier Sätze zur Verfügung:

"(E) Expectation: I would like you to choose A.
(I) Intention: I will choose X.
(R) Retaliation: If you do not choose as I want you to choose, then on the next trial I will choose Y.
(A) Absolution: If you do choose as I would like you to choose after first not doing so, then I will choose X on the next trial"
(*Loomis* 1959, S.308).

X und A stellen die kooperativen Züge der beiden Individuen dar. Y ist der nicht-kooperative Zug des Subjekts der genannten Sätze. Die Sätze wurden zu fünf "Noten" kombiniert, die die Spieler schriftlich austauschen konnten: 1) (E), 2) (I), 3) (E,I), 4) (E,I,R), 5) (E,I,R,A). Je umfangreicher die ausgetauschten Botschaften waren, um so eher glaubten die Empfänger, daß die Sender kooperativ handeln würden. 78 Prozent der Individuen, die auf die genannte Weise Vertrauen in die Kooperationsbereitschaft des anderen erhalten sollten, kooperierten, während 79 Prozent der Individuen, die keine Kooperation auf diese Weise erwarten konnten, nicht kooperierten. In natürlichen Situationen dürfte der Vorgang allerdings etwas komplizierter sein, da dort u.U. schon die Mitteilung von Absicht oder Erwartung ein gewisses Vertrauen in die Loyalität des anderen voraussetzt (vgl. z.B. *Mellinger* 1956).

Die Bedeutung expliziter Kommunikation für die Erreichung von Ergebnissen, die beide Parteien befriedigen können, wird klar ersichtlich aus einer Situation, die in der Litaratur als "Battle of the Sexes" bekannt ist. Vergleiche zur folgenden Darstellung *Bartos* (1967, S.224 ff). Eine ausführliche spieltheoretische Diskussion zu diesem Spiel-Typ findet sich bei *Braithwaite* (1955). Ein Ehemann schätzt als Freizeitaktivität den Besuch von Boxkämpfen, während die Ehefrau den Besuch eines Balletts vorzieht. Sie wünschen jedoch beide, ihre Freizeit gemeinsam zu gestalten. Dieser Situation soll die folgende Spielmatrix entsprechen.

Die Matrix in Abbildung 9 wollen wir umformen zu $V = \begin{pmatrix} a & b \\ c & d \end{pmatrix}$. Es soll sein $a = (2,1)$, $b = (-1,-1)$, $c = (-1,-1)$ und $d = (1,2)$. Wenn der Ehemann die Strategie $p = (p_1, p_2)$ und die Ehefrau die Strategie $q = (q_1, q_2)$

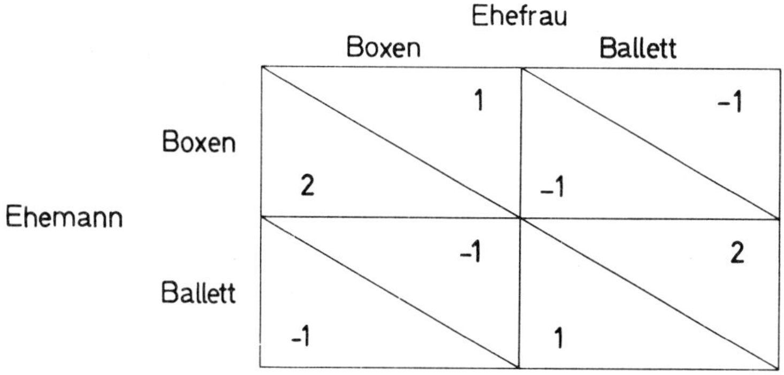

Abb.9. Auszahlungsmatrix zum "Battle of the Sexes"

wählen, dann ergibt sich als Erwartungswert für das Spiel

(27) $$E(v) = pVq' = aP_a + bP_b + cP_c + dP_d.$$

P_a ist die Wahrscheinlichkeit des Ereignisses a, P_b die Wahrscheinlichkeit des Ereignisses b etc., die sich aus $P_a = p_1q_1$, $P_b = p_1q_2$, $P_c = p_2q_1$ und $P_d = p_2q_2$ ergeben.
Es gilt

(28) $$P_a + P_b + P_c + P_d = 1.$$

Bei der Wahl der *individuellen Strategien* p und q können die Ehepartner nur Ergebnisse erwarten, die im schraffierten Feld von Abb.10 liegen.

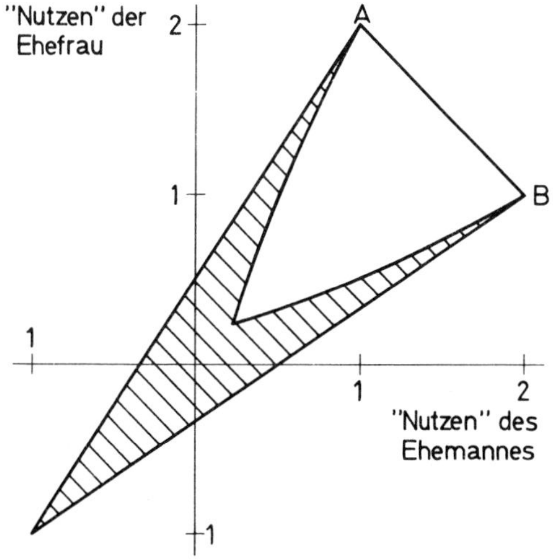

Abb.10. Ergebnisse des "Battle of the Sexes"

Die besten Ergebnisse für beide Partner würden jedoch nach Abbildung 10 auf der Linie AB liegen. Diese Menge von Ergebnissen ist Pareto optimal, die Ergebnisse sind individuell akzeptabel, d.h.sie sind mindestens so hoch, wie die, die eine Partei durch ihre optimale individuelle Strategie erreichen würde. Diese Ergebnisse können jedoch nur dann erreicht werden, wenn für (28) gilt

(29) $$P_c, P_b = 0 \; ; P_a, P_d > 0.$$

Die Ehepartner erreichen jedoch (29) nicht, solange sie individuell ihre Strategien p und q wählen, sondern nur dann, wenn sie sich entschließen eine *gemeinsame Strategie* auszuhandeln, also versuchen, die relativen Häufigkeiten P_a und P_d direkt festzulegen. Die Aufteilung zwischen P_a und P_d, die Wahl eines Punktes auf der Linie AB also, ist von der Theorie her nicht eindeutig bestimmbar (vgl. etwa die ältere Arbeit von *Bowley* 1928 zum bilateralen Monopol). Eine experimentelle Untersuchung zum Verhandlungsverhalten im bilateralen Monopol von *Siegel* und *Fouraker* (1960) zeigt zwar, daß die Untersuchten entsprechend der ökonomischen Theorie Pareto optimale Ergebnisse erzielen[25], d.h. die Menge des auszutauschenden Gutes fixieren, die den *gemeinsamen* Gewinn maximiert, ergibt jedoch für die Aufteilung der Nutzen nicht mehr als einen vagen Hinweis auf die relative "Verhandlungsstärke" der beiden Parteien.

Die Wahl einer gemeinsamen Strategie bedarf zweifelsohne ausführlicher Kommunikation zwischen den Partnern, was bei der Ausführung individueller Strategien nicht der Fall zu sein braucht. Können sich die Partner nicht auf eine gemeinsame Strategie einigen, so dürfte derjenige Partner im Vorteil sein, der als erster seinen Entschluß seine bevorzugte Aktivität ausführen, unmißverständlich und bindend dem anderen bekannt gibt. In diesem "Battle of Wills" (*Bartos*) ist derjenige in der günstigeren Position, der den anderen in stärkerem Maß davon überzeugen kann, daß er seinen Entschluß –rücksichtslos– in die Tat umsetzen wird. Dem anderen bleibt dann nur die Wahl zwischen Nachgeben und Schädigung des anderen und seiner selbst, falls sein Partner nicht doch nachgibt – aber wie kann er das wissen?[26] Die Spielsituationen, die den von uns vorgestellten Experimenten zu Grunde liegen, bieten den Spielern in der Regel nicht nur die Möglichkeit, durch Kooperation ihre Ereignisse gemeinsam zu verbessern, sondern auch Gelegenheit, den Partner zum eigenen Vorteil – oder Nachteil – zu schädigen. Sind die Schädigungen sehr hart und werden sie von beiden Seiten eingesetzt, so kann eine Eskalation des Konflikts einsetzen, die zum Auseinanderfallen der Beziehungen und zur Reduktion der Ergebnisse bei-

25) *Dolbear, Lave* u.a. (1969) zeigen, daß ein gemeinsames Maximum um so seltener erreicht wird, je größer die Anzahl möglicher Strategien ist.

26) Das Dilemma der Wahl zwischen Anpassung und Schädigung wird besonders deutlich in einer Spielsituation, die als "chicken game" charakterisiert wird. Sie entsteht, wenn für die Matrix in Abb.8 gilt: $D < B < A < C$ (vgl. insb. *Swingle* 1970).

der Individuen führt (*Deutsch* und *Krauss* 1960). Eine ausführliche Diskussion der Experimente von *Deutsch* und *Krauss* und des von ihnen bevorzugten Spieltyps, des "truck-game" findet sich bei *Kelley* (1965). Dieses Spiel zeichnet sich dadurch aus, daß sie Spielzüge und ihre Abfolgen nicht streng fixiert sind, so daß es in extremen Konfliktsituationen zur Blockierung des Spiels kommen kann.

Die Auswirkungen unterschiedlichen Konflikt-Potentials in Spielen wurden von *Thibaut* und *Faucheux* (1965) untersucht. Sie räumen einem der Spieler (P) unterschiedlich großen Einfluß auf die Ergebnisse des anderen (O) ein, indem (P) aus den jeweiligen Zellen der Auszahlungsmatrix innerhalb festgelegter Grenzen so viel Punkte für sich nehmen kann, wie er will, während der Rest (O) zufällt (vgl. Abb. 11).

geringer Konflikt

P \ O	a	b
x	15 15	45 53
y	53 45	15 15

hoher Konflikt

P \ O	a	b
x	15 15	10 88
y	88 10	15 15

Abb.11. Spielmatrizen nach *Thibaut* und *Faucheux* (1965)

Im Fall hohen Konflikts kann (P) z.B. bei Eintreffen von (x,b) oder (y,a) zwischen 10 und 88 Punkten so viel für sich in Anspruch nehmen, wie er will; nimmt (P) etwa 80 Punkte für sich, so verbleiben für (O) 18 Punkte. Die beiden Konfliktsituationen in Abb. 11 wurden mit externen Alternativen kombiniert, die eine attraktiv (35 Punkte), die andere unattraktiv (10 Punkte). Die Spieler konnten in den einzelnen Versuchen wählen, ob sie einen Zug innerhalb der Spielmatrix (x oder y bzw. a oder b) oder die externe Alternative ergreifen wollten. Nutzte ein Spieler die Alternative, während der andere in der Matrix blieb, so ging der andere leer aus. Den Spielern wurde vor jedem "trial" die Möglichkeit zur Kommunikation gegeben. Das Ergebnis dieser Kommunikationen war, daß die Spieler in unterschiedlichem Maß je nach den experimentellen Bedingungen Kontrakte und Normierungen vereinbarten, die die Wahl der externen Alternative und die Aufteilung der Ergebnisse der Matrix regelten. Tab. 4 zeigt die durchschnittliche Häufigkeit von Kontraktbildungen für die vier Spielsituationen.

Tab. 4. Kontraktbildung in vier Spielsituationen (nach *Thibaut* und *Faucheux* 1965,S.97)

		externe Alternative	
		attraktiv	unattraktiv
Konflikt	hoch	2.75	1.33
	niedrig	1.67	1.92

Murdoch (1967), der ein ähnliches Experiment wie *Thibaut* und *Faucheux* konzipiert hat, findet ebenfalls, daß gegenseitige Bindungen durch Kontraktbildung am häufigsten in Situationen hoch konfligierender Interessen und attraktiver externer Alternativen entstehen. Das Experiment von *Thibaut* und *Faucheux* wurde von *Thibaut* (1968) wiederholt, um die Gültigkeit des Ergebnisses unter verschiedenen Bedingungen zu testen. Er stellte ebenfalls fest, daß bei hohem Interessenkonflikt, also bei großer Ausbeutungsmöglichkeit auf der Seite von (P), und großer Wahrscheinlichkeit eines "illoyalen" Verhaltens von (O) durch Verlassen der Spielmatrix die meisten Kontrakte geschlossen wurden. Kontrakte oder Normen scheinen dann zu entstehen, wenn zwischen beiden Parteien ein gewisses Maß gemeinsamen Interesses daran besteht, die Beziehung zu erhalten, die durch das Aktionspotential der Individuen bedroht wird. In Fällen, in denen sich keine gemeinsame Aktionsbasis finden läßt, dürften Normen schwerlich zu Stande kommen; in Fällen, in denen die Interessen deckungsgleich sind, dürfte Normierung nicht erforderlich sein.

In den Experimenten von *Thibaut, Faucheux* und *Murdoch* waren die Kontraktmöglichkeiten vom Experimentato vorgegeben, so daß eine Übertragung der Ergebnisse auf Bereiche außerhalb des Laboratoriums problematisch ist. Wir glauben jedoch dennoch, mit den Ausführungen zur Normierung von Zweier-Beziehungen zu einem gewissen Endpunkt der Entwicklung von Dyaden angelangt zu sein. Obwohl sich in der soziologischen Literatur eine Reihe von Ausführungen zum Prozeß der Normbildung findet, scheint uns die Zahl empirischer Befunde zu gering zu sein, um hier in Form eines Theorems Bilanz zu ziehen. Ein Aspekt soll jedoch noch kurz hervorgehoben werden. Normbildung schützt in den genannten Experimenten den in der Spielsituation schwächeren Partner vor Ausbeutung. (Hierauf macht auch *Blau* 1964, S.255ff aufmerksam.) Sie wird erreicht durch Androhung der Aufkündigung der Spielbeziehungen. Diese Konstellation hat Ähnlichkeit mit natürlichen Situationen, in denen der eine Partner durch Ankündigung der Absicht, den anderen zu verlassen, oder extremer etwa durch Selbstmord-Drohung die "Liebe" des anderen erzwingt. Ist die relative Macht der Partner in der Beziehung etwa gleichwertig, so könnte u.U. durch eine solche Strategie eine vollständige Dominanz des einen Individuums über das andere erreicht werden. Hieraus wird eine mögliche Bedeutung von Mobilitätschancen und externen Alternativen, etwa in Form dritter Personen, für die dyadischen Beziehungen ersichtlich, die wir in dieser Arbeit weitgehend ausgespart haben.

Die Bildungen von Kontrakten, reziproken und kooperativen Beziehungen haben Aspekte dyadischer Interaktion verdeutlicht, die in den vorangehenden Kapiteln nur implizit enthalten waren: Qualität und Quantität dyadischer Kommunikation. Die Entwicklung von Empathie und Attraktion dürfte sich zu großen Teilen über den Austausch kommunikativer Akte vollziehen. Es ist in mehreren Untersuchungen gezeigt worden, daß einer der Hauptfaktoren für die Entwicklung interpersonaler Beziehungen, die Ähnlichkeit der Personen, auch entscheidenden Einfluß auf die Effektivität der Kommunikation nehmen dürfte (*Runkel* 1956, *Newcomb* 1958, *Triandis* 1960b). Neben der Ähnlichkeit kognitiver Strukturen mißt *Triandis* (1960a) einem zweiten Faktor Einfluß zu, den er "communication similarity" nennt. Dieser Faktor besteht in der Ähnlichkeit der Dimensionen, die zwei Personen zur Beschreibung und Bewertung eines Objekts während der Kommunikation verwenden. Dieser Faktor hat nach *Triandis* für die Verständigung zwischen den Personen größere Bedeutung als die Ähnlichkeit kognitiver Strukturen. Das könnte besagen, daß die in der Kommunikation manifeste Ähnlichkeit zweier Individuen nicht vollständig mit der latenten Ähnlichkeit intrapersonaler Strukturen korreliert ist. Die Kommunikation zwischen Individuen, die in engerer Beziehung zueinander stehen, hat in der psychologischen und sozialpsychologischen Literatur unter dem Aspekt der Vermittlung und Wahrnehmung von Emotionen besondere Beachtung erfahren. Es würde zu weit führen, die relevante Forschungsliteratur hier auszubreiten. Wir möchten deshalb den Leser auf den Sammelband von *Davitz* (1964) verweisen. Das Resümé von *Davitz* lautet allgemein, daß sowohl über verbales wie nichtverbales emotionales Verhalten in Bevölkerungsteilen eine ausreichende intersubjektive Übereinstimmung erreicht werden kann, um verläßliche Kommunikation zu ermöglichen (*Davitz* 1964, S.194). Nach dem Beitrag von *Beldoch* gelingt die interpersonale Anpassung im Kommunikationsvorgang um so besser, je genauer die Individuen ihre eigene emotionale Sensitivität wahrnehmen (ibid. S.39). *Phyllis Kemper Levy* findet hohe Korrelationen zwischen den Fähigkeiten einer Person, ihre eigenen Gefühle verbal auszudrücken, die verbal ausgedürckten Emotionen anderer zu identifizieren und die eigenen emotionalen Äußerungen nachträglich korrekt zu beurteilen. Dies scheint nach Ansicht der Autorin auf einen generellen "communication factor", eine generelle Fähigkeit zur emotionalen Kommunikation hinzuweisen, die die Individuen in unterschiedlichem Maße besitzen (ibid. S.51).

Neben den verschiedenen Möglichkeiten zur Mitteilung von Emotionen beschäftigt eine Reihe von Autoren die Frage, wie Aussagen über Gefühle vom Empfänger auf ihre Wahrheit hin überprüft werden können, da er keinen direkten Zugang zum "Innenleben" des anderen besitzt. Die Antworten auf diese Fragen sind relativ einheitlich: Bezeichnungen von Emotionen oder "inneren Zuständen" stellen Dispositionsbegriffe dar. Die Berechtigung ihrer Verwendung wird durch die Beobachtung des Verhaltens des Senders festgestellt (*Skinner* 1965, S.162ff., *Waller* 1951, S.119, *Brown* 1965, S.613, *Giegel* 1969, S.145f, *Horwitz* 1958). Äußerungen über eigene Gefühle führen also zu Erwartungen an das Verhalten des Äußernden. Wir wollen dieses "Fazit" undiskutiert lassen, da die Durchleuchtung des Gemenges aus analytischer Philosophie, logischen Überlegungen zu Dispositionsbegriffen und psychologischer Theorie in den Ausführungen einzelner Autoren eine eigene Arbeit erfordern würde.

Wir wollen dieses Kapitel damit beschließen, daß wir einige Versuche vorstellen, die verschiedenen Ebenen interpersonaler Kommunikation exakter zu fassen. Einen Ansatz fanden wir bereits bei *Loomis*, der in seinem Experiment Mischungen von Intentionen, Erwartungen, Sanktionsandrohungen und bedingten Kooperationsbereitschaften kommunizieren ließ. *Karlsson* betont, daß (eheliche) Anpassung vor allem eine Kommunikation über die Erwartungen der Partner aneinander voraussetzt.

"If the communication is inadequate the spouses do not know what to adjust to, in what direction and how much to adjust" (*Karlsson* 1963, S.37).

Rommetveit (1955, S.47ff.) zählt vier Arten von Zeichen auf, aus denen die eine Person die Erwartungen der anderen entnehmen kann: 1) die expliziten Voraussagen, die der ander über das zukünftige Verhalten der Person abgibt, 2) die Wünsche und Hoffnungen, die der andere an das zukünftige Verhalten der Person richtet, 3) Äußerungen des anderen über die Befriedigungen, die ihm das Verhalten der Person bisher bereitet hat und 4) Anwendung von Sanktionen, positiver oder negativer Art, gegenüber Verhaltensweisen der Person[27].

Für die Interaktion zweier Personen dürfte es nicht immer genügen, daß die Personen über die Erwartungen des anderen informiert sind, sondern die erwartende Person bedarf ihrerseits im Anpassungsprozeß u.U. auch Informationen darüber, wie ihre Erwartungen an das Verhalten des anderen aufgenommen und bewertet worden sind. Die Personen dürften deshalb in einigen Fällen auch in die Situation versetzt sein, über "Erwartungen an Erwartungen" zu kommunizieren. Eine Ausweitung solcher Kommunikation kann im Extrem zu Sätzen führen wie: Ich denke, daß du denkst, daß ich erwarte, daß du denkst, daß ich denke, daß du erwartest . . ." oder: "Du hast gesagt, daß ich gesagt habe, daß du gesagt hast, daß ich gesagt habe . . . . Das habe ich jedoch nicht gesagt". Ausführungen dieser Art als Reaktion auf Anpassungsschwierigkeiten dürften in realen Beziehungen nur relativ selten vorkommen. So stellen *Cutler* und *Dyer* (1965) in einem Sample junger Ehepaare als häufigste Reaktion auf Anpassungsschwierigkeiten eine abwartende Haltung ohne Kommunikation fest. Wurde offen über Schwierigkeiten gesprochen, so führten die Aussprachen in einer Reihe von Fällen nicht zu anpassenden Reaktionen sondern zu Aggressionen gegenüber demjenigen, der zuerst die Probleme angesprochen hatte. *Laing, Phillipson* und *Lee* (1966) können jedoch zeigen, daß eheliche Anpassungs- und Verständnisschwierigkeiten häufig auf Erwartungen und Einschätzungen beruhen, die sich nur auf einer Meta-Ebene artikulieren lassen, für die die Verständigungsmittel der Ehepartner oft nicht ausreichen. Um in der The-

---

27) *Tagiuri* (1952) hat Analysen, die nicht nur Verhaltensweisen, sondern auch die gegenseitigen Erwartungen der Individuen berücksichtigen, mit dem Terminus "relational analysis" belegt. Die statistischen Aspekte solcher Analysen sind von *Luce, Macy* und *Tagiuri* (1955) behandelt worden.

raphie ehelicher Krisen mögliche drei- und vierfach verschanzte Vorbehalte und Mißverständnisse aufdecken zu können, haben die drei Autoren ein formales Schema des vielschichtigen Kommunikations- und Erwartungsvorgangs konstruiert, daß die Grundlage eines diagostischen Fragebogens, der "Interpersonal Perception Method", bildet (*Laing, Phillipson* und *Lee* 1966, S. 49-72). Ein ähnliches Schema hat *Galtung* (1959) entwickelt, das wir im folgenden vorstellen wollen:

1) E = Ego; A = Alter
2) E(A) = Egos Wahrnehmung oder Beschreibung von Alter
   A(E) = Alters " " " " Ego
3) E→A = Egos normative Erwartungen an Alter
   A→E = Alters " " " Ego
4) E[A] = Egos kognitive Erwartungen an Alter (Prognose)
   A[E] = Alters " " " Ego

Aus 2) bis 4) lassen sich zwölf Kommunikationsakte erster Ordnung bilden:

	Ego als Objekt	Alter als Objekt
Ego als Subjekt	E(E) Selbst-Beschreibung E [E] Selbst-Prognose E→E Selbst-Normierung	E(A) Fremd-Beschreibung E [A] Fremd-Prognose A→A Fremd-Normierung
Alter als Subjekt	A(E) Fremd-Beschreibung A [E] Fremd-Prognose A→E Fremd-Normierung	A(A) Selbst-Beschreibung A [A] Selbst-Prognose A→A Selbst-Normierung

In der Umgangssprache bedeutet etwa E(E): "So und so bin ich"; E[E]: "Das und das werde ich tun"; E[A]: "Das und das wirst du tun"; E→A: "Ich wünsche, daß du das und das tust".

Die Zahl der Kommunikationsakte zweiter Ordnung beträgt 72. Allgemein finden sich auf der n-ten Ebene $k = 2x6^n$ Kommunikationsakte, die hier nicht weiter behandelt werden sollen. Einige der Permutationen können ausgeschieden werden, da sie unrealistisch und wenig sinnvoll erscheinen, etwa: E(E(E(E))). Generell scheint eine Anwendung einer Operation auf sich selbst bei Identität von Subjekt und Objekt über Kommunikationen zweiter Ordnung hinaus nicht weiter betrachtet werden zu müssen.

Galtungs Formalisierung hat u.a. den Vorteil, daß die Angemessenheit von Antworten auf Fragen bestimmt werden kann, daß zu bestimmten Behauptungen angemessene Fragen gesucht werden können, daß bei Verständnisfehlern die Ebene identifiziert werden kann, auf der das Mißverständnis vorliegt. Eine Formalisierung des Frage- und Antwort-Vorganges in einem Prozeß der Bewertung und Kumulierung von Informationen findet sich bei *Harrah* (1965). *Harrah* macht darauf aufmerksam, daß auch Fragen Informationswert besitzen.

Das Schema von *Galtung* ist nicht nur zur Analyse einzelner Kommunikationsakte oder Sequenzen geeignet, sondern auch zum Vergleich von Mengen von Kommunikationsakten. S_1 sei die Menge aller E(E→E), S_2 die Menge aller E(A→E) in einer Dyade. $S_1 \cup S_2$ ist dann die Menge aller normativen Erwartungen, die Ego in der Dyade an sich gerichtet sieht. Ist ϕ die leere Menge und ist $S_1 \cap S_2 = \phi$, so dürfte in der Dyade in der Wahrnehmung von Ego keine gemeinsame Interaktionsbasis bestehen. Gilt $S_1 \subset S_2$ so stellt Alter in der Sicht von Ego mehr Anforderungen an Ego, als dieser an sich selbst richtet. Als Maß für die Diskrepanz (M) zwischen den Erwartungen S_1 und S_2 schlägt *Galtung* die symmetrische Differenz zwischen S_1 und S_2 vor, die wie folgt zu definieren ist:

(30)
$$M = S_1 \oplus S_2 = (S_1 - S_2) \cup (S_2 - S_1) = (S_1 \cup S_2) - (S_1 \cap S_2).$$

Dieses Maß müßte noch normiert werden. Mit Hilfe der mengentheoretischen Operation der symmetrischen Differenz lassen sich weitere Maße bestimmen. Vollkommene Konformität etwa liegt dann vor, wenn
$E(E \rightarrow A) \oplus E(A) = \phi$ und $A(A \rightarrow E) \oplus A(E) = \phi$
Ebenso lassen sich Kongruenzmaße entwickeln:
$K_1 = E(A(E) \oplus E(E)$ und $K_2 = A(E(A)) \oplus A(A)$.
Auf der nächst höheren Ebene würde Kongruenz wie folgt bestimmt werden:
$K'_1 = E(A(E(E))) \oplus E(A(E))$ und $K'_2 = \ldots\ldots$
Schwierigkeiten dürfte die Erfassung der Elemente der zu vergleichenden Mengen mit sich bringen. Hierbei müßte das Forschungsinteresse auf bestimmte Erwartungen und Wahrnehmungsinhalte festgelegt werden. Fruchtbar hierfür könnte der Facetten-Ansatz von *Foa* (1962) sein.

Die Art der Information und Kommunikation, die das Schema analysiert, unterscheidet sich von anderen Informations- und Kommunikationsformen dadurch, daß ihr Inhalt bzw. ihr Gegenstand durch die beteiligten Personen und ihre Beziehung zueinander gebildet wird. Wir wollen sie als "intime Kommunikation" und "intime Information" kennzeichnen. Die Intimität einer Information soll mit ihrer Ordnungsnummer wachsen. Wir vermuten, daß Intimität und Attraktion positiv korreliert sind. *Wallers* Formulierung von der "mutual exposure of the possibilities of involvement" könnte die Beschreibung eines Vorganges darstellen, in dem beide Partner versuchen, von anderen Informationen höherer Ordnung zu erlangen, als sie selbst angeboten haben. Egos Äußerung "Ich weiß, daß du mich liebst" dürfte u.U. den Handlungsspielraum von Ego zu Gunsten von Alter stärker eingrenzen als die Feststellung "Ich liebe dich". Einige reizvolle Probleme dyadischer Kommunikation könnten sich daraus ergeben, daß die Provokation von intimen Informationen gleichfalls intimen Informationswert besitzt, reizvoll zumindest solange, als die Partner ihre Beziehungen im Sinne von *Waller* als "Spiel mit dem Feuer" auffassen. Über die Taktiken der Verschleierung und der Provokation, der Schmeichelei und der Dramatisierung geben *Goffman* (1969) und *E.E.Jones* (1964) Auskunft.

Die Bedeutung der Fähigkeit, zwischen den verschiedenen Kommunikationsebenen differenzieren zu können, dürfte besonders dann hervortreten, wenn sie in Zussammenhang mit der Analyse der Spielsituationen gebracht wird. Ein großer Teil der Interaktionen in der Dyade dürfte verbaler Natur sein. Damit werden aus den Spielzügen Kommunikationsakte. Kommunikation über die Spielzüge etwa im Sinne des Experiments von *Loomis*, die der Koordination der Spielzüge zur Erreichung kooperativen Verhaltens dienen soll, stellt sich als Kommunikation über Kommunikation dar. Die Kommunikationsbeziehungen dürften jedoch nicht auf diese beiden Ebenen beschränkt bleiben, da nicht in jedem Fall ohne weiteres sicher gestellt sein dürfte, daß die Kommunikation auf der zweiten Ebene nicht auch taktischen Erwägungen unterliegt und sich damit als ein neues "Spiel" gestaltet. Das Auftürmen von Spielsituationen übereinander dürfte nicht nur für bestimmte dyadische Situationen kennzeichnend sein sondern auch zum gewissen Teil die Schwierigkeiten internationaler Verhandlungen bestimmen. Hinter dem möglichen Wechsel von Meta-Spiel zu Meta-Spiel taucht eine neue, umfassende Spielsituation auf, die aus den Dilemmata der Einschätzung der Kommunkationsakte des Partners als "taktisch" oder "ernst" gemeinte Äußerungen besteht. Um diesen wichtigen, wenn nicht zentralen Bereich zwischenmenschlicher Beziehungen angemessen erforschen zu können, werden sich die Sozialwissenschaften neue Distinktionen und Untersuchungsinstrumente einfallen lassen müssen. Einen Anfang macht *Friedell* (1969).

VIII Ausblicke

Wir haben im Verlauf der Arbeit versucht, aus einer Vielzahl empirischer Untersuchungen eine Reihe von Theoremen zu synthetisieren. Der Synthese-Versuch brachte es mit sich, daß die gewonnenen Formulierungen gewollt-ungewollt unpräzise ausfielen. Die Bezeichnung "Theorem" ist als Ausdruck unserer Zuversicht zu verstehen, auf dem Weg der Synthese von Einzelergebnissen eine Theorie über einen "gemischten" sozialen Prozeß erstellen zu können, deren Einzelsätze allerdings nicht aus ihr eigenen Axiomen abzuleiten sind, sondern aus verschiedenen Theorien über Aspekte des Prozesses entliehen werden. Da zwischen unseren Theoremen kaum deduktive Zusammenhänge bestehen dürften, rechtfertigt sich ihre Zusammenstellung nur aus der Hoffnung, daß sie alle oder zu Teilen zur Beschreibung und Erklärung eines komplexen Prozesses verbunden werden können. Ob diese Hoffnung begründet ist, kann sich erst dann erweisen, wenn sie insgesamt oder zu geeigneten Teilen in einheitliche Messungen überführt sind und auf dieser Grundlage geprüft werden können. Erst dann kann sich zeigen, inwieweit die Theoreme empirisch miteinander vereinbar sind. Dann erst kann auch die notwendige Dritt-Variablen-Kontrolle durchgeführt werden, die die Theoreme auf Scheinbeziehungen prüft, die durch Variable erklärt werden, die innerhalb und ausserhalb der von uns betrachteten Menge von Veränderlichen liegen können.

Die von uns durchforstete Forschungsliteratur ist dadurch gekennzeichnet, daß annähernd gleiche Konzepte in unterschiedlicher Weise gemessen werden. Wäre bekannt, in welchem Verhältnis die Operationen zueinander stehen, so könnte die Diversität von Messanordnungen durchaus als ein Vorteil angesehen werden, der sich in einer größeren Validität der Einzelergebnisse niederschlagen könnte. Da jedoch für Konzepte wie Attraktion, Ähnlichkeit, Selbsteinschätzung, Reziprozität kaum Ansätze zu einer Theorie der Indikatoren vorliegen, kann eine Kumulation und Verknüpfung einzelner Untersuchungsergebnisse nur hypothetisch über die theoretischen Konzepte erfolgen. Die empirisch gefundenen Datenkonfigurationen bieten nur Ausgangspunkte theoretischer Modellbildung, in der mögliche Beziehungsstrukturen zwischen den Variablen vorgeschlagen werden. Modell 1 etwa gibt eine mögliche Struktur zwischen einigen Variablen an. Ein solches Modell leistet zunächst nicht viel mehr, als mögliche kausale Verknüpfungen vorzuzeichnen und eine zeitliche Ordnung von Prozeßschritten abzubilden. Da die erzeugenden Mechanismen noch nicht im Detail miteinander verbunden sind, können die Modelle nur den Ereignisraum des zu beschreibenden Prozeßes umreißen.

Um einen Überblick über die in dieser Arbeit aufgestellten Beziehungen, aus denen Modelle zu konstruieren wären, zu bieten, sollen die Theoreme noch einmal präsentiert werden:

E 1: Je größer und je konsistenter die Informationsmenge ist, die ein Individuum über ein anderes erhält, desto zutreffender fallen die Urteile aus, die das Individuum aus ihr über das andere Individuum zieht.

E 2: Je ähnlicher die (Einstellungs-) Strukturen zweier Personen sind, desto weniger Informationen bedürfen sie, um zu genauen gegenseitigen Einschätzungen zu gelangen, um so schneller gelangen sie, gemessen an der Zahl der Kontakte, zu genauen Einschätzungen.

E 3: Je häufiger zwei Personen in Kontakt stehen und je mehr Informationen sie über sich untereinander ausgetauscht haben, umso unabhängiger werden Attraktion und Einschätzungsgenauigkeit von der Einstellungsähnlichkeit zwischen den beiden Individuen.

K 1: Je höher die Attraktion zwischen zwei Personen ist, umso eher ist eine Abschwächung der Attraktion bei Schwankungen in der Kontakthäufigkeit zu erwarten.

K 2: Je geringer die gegenseitige (räumliche und soziale) Erreichbarkeit zweier Personen ist, umso kleiner ist die Wahrscheinlichkeit, daß sie Kontakt zueinander aufnehmen.

A 1: Je mehr ein Individuum in seiner Selbsteinschätzung durch ein zweites Individuum bestärkt und erhöht wird, umso mehr wird es sich zu diesem Individuum hingezogen fühlen.

A 2: Je häufiger zwei Personen miteinander interagieren und je höher die Attraktion zwischen ihnen ist, umso kongruenter werden die interpersonalen Wahrnehmungen der beiden Personen.

R 1: Je mehr eine Verhaltensweise eines anderen Individuums vom betroffenen Individuum als (unkonditionierte) Akzeptierung oder Ablehnung seiner Person wahrgenommen wird, umso eher wird das betroffene Individuum das Verhalten des Anderen in positivem bzw. negativem Sinne erwidern.

R 2: Unter der Bedingung, daß Kooperation die besten gemeinsamen Ergebnisse erbringt, werden sich die Individuen in der Dyade umso kooperativer verhalten, je sicherer sie von ihren Partnern unter der Voraussetzung, daß sie selbst kooperieren, Kooperation erwarten können.

Die angeführten Theoreme besitzen in unterschiedlichem Maße empirischen Gehalt. Sie können zusammengenommen nur eine relativ abstrakte Beziehungsstruktur darstellen, solange nicht zusätzliche Bedingungen ihrer Geltung mitangeführt werden, wie es im Text zum Teil versucht wurde. "Modell" 2 stellt einen Vorschlag dar, wie die durch die Theoreme verknüpften Variablen und Ereignisse im Zusammenhang gesehen werden könnten. Im Unterschied zu Modell 1 besitzt es keine deutliche zeitliche Differenzierung, sondern besteht in der graphischen Darstellung von Abbildung 12 aus einem Gemisch von zeitlichen Sequenzen, intra- und interpersonalen Kausal- und Wahrscheinlichkeitsbeziehungen.

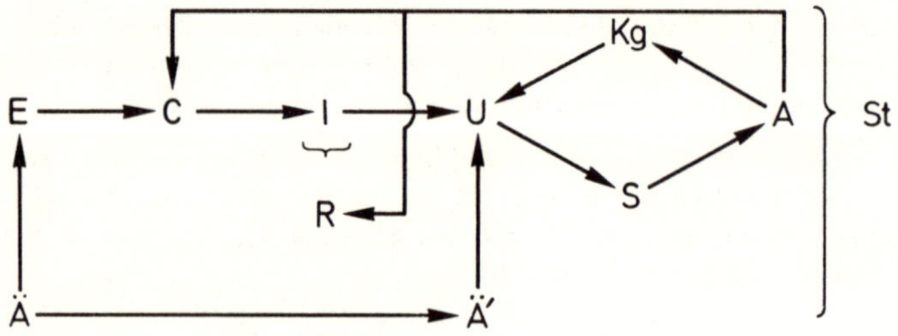

Erläuterung:
E = Erreichbarkeit
C = Kontakthäufigkeit
I = Informationsmenge (Umfang, Konsistenz)
U = Urteilsbildung, Verarbeitung von Wahrnehmungen
S = Selbsteinschätzung
A = Attraktion
Kg = Kongruenz
R = Reziprozität
Ä = soziale Ähnlichkeit
Ä′ = Einstellungsähnlichkeit
St = Stabilität

Abb. 12. Modell 2

Modell 2 enthält einige Elemente und Beziehungen, die in den Theoremen nicht explizit formuliert sind. So ist es denkbar, daß die Beziehungen zwischen S und A wie zwischen A und C durch Schwellenwerte etwa in Form der Vergleichsmaßstäbe von *Thibaut* und *Kelley* geregelt werden. Da Modell 2 nicht wie Modell 1 die beteiligten Individuen getrennt behandelt, kann die Reziprozität der Beziehungen am ehesten als Reziprozität des Informationsaustausches in einer Kontaktperiode oder über mehrere Perioden hinweg dargestellt werden. Diese Handhabung dürfte sich auch bei einer Operationalisierung des Modells empfehlen, da Informationsmengen experimentell leichter zu manipulieren und zu vergleichen sind als Einstellungen und Gefühle. E, Ä und Ä′ stellen die externen Faktoren des Modells dar, die wir in der Literatur identifizieren konnten. Es ist durchaus wahrscheinlich, daß auch an anderen Stellen des Modells externe Faktoren einwirken, etwa Erfolge in anderen Lebensbereichen oder Kindheitsprägungen auf die Selbsteinschätzung. Da sie jedoch hier nur als residuelle Zufallsgrößen aufgefaßt werden können, sind sie im Modell nicht berücksichtigt. In einem testbaren Modell müßten sie allerdings beachtet werden.

Das Modell enthält mehrere Schleifen. Während die Schleife zwischen C und A durch die beobachtbaren Kontakte einen deutlichen Zeitverlauf nimmt, ist der Rhythmus der Schleife U–S–A–Kg–U unbestimmt. Er muß mit den anderen Schleifen nicht unbedingt synchronisiert sein, da hier auch intraindividuelle Eigenbewegungen wahrscheinlich sind. Diese Eigenbewegungen schaffen u.U. Diskrepanzen zwischen den Individuen, die zur Dynamik des Prozesses beitragen.

Bei der modellmäßigen Betrachtung von Verhaltenssystemen stellt sich regelmäßig die Frage nach der Stabilität des Systems ein. In unserem Fall könnte sie so lauten: Gibt es in einer Dyade bestimmte Werte-Paare für Attraktion, Kongruenz oder Selbstwertschätzung, die im Entwicklungsprozeß erreichbar sind, bei denen der Prozeß auf ein dauerhaftes Niveau einpendelt und zu denen er nach Störungen zurückkehrt? Daran schließen sich Fragen danach an, unter welchen Bedingungen ein Prozeß "explodiert" oder nach dem Überschreiten eines Höhepunktes zur Ausgangslage oder zu Werten "oberhalb" oder "unterhalb" der Ausgangslage zurückkehrt. Ist es möglich, daß die Attraktionswerte in einer Dyade auf Dauer mit mehr oder minder großen Amplituden um einen gewissen Wert schwingen? Dies wäre bei den Kommunkations- und Verhandlungsbedingungen in der Dyade denkbar, könnte daneben auch durch externe Kontakte hervorgerufen werden, die in dieser Arbeit zu geringe Beachtung erfahren haben. Da unser Prozeßmodell aus den Analysen von Einzelschritten gewonnen ist, können wir die Stabilitätsbedingungen des dyadischen Attraktionsprozesses hier nicht näher bestimmen. Ansätze zur formalen Analyse in Form von "Reaktionssystemen" finden sich bei *Pruitt* (1967) und *McWhinney* (1968), der das von *Simon* (1952) formalisierte Interaktionsmodell von *Homans* mit einem Konformitätsmodell von *Festinger* vereinigt (vgl. auch *Coleman* 1960, S.38ff). Abb.13 bietet eine graphische Darstellung möglicher Reaktionssysteme mit stabilen und labilen Gleichgewichtspunkten.

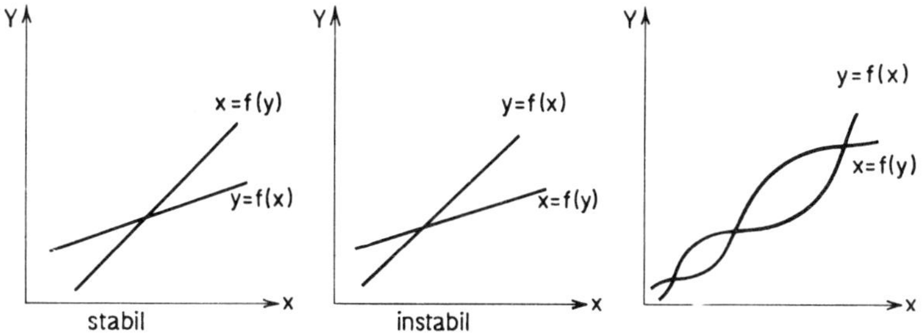

Abb. 13. Reaktionssysteme

Die Reaktionsfunktionen x = f(y) und y = f(x) geben an, in welcher Weise das Verhalten des einen Partners auf das Verhalten des anderen einwirkt. Solche Systeme können auch für drei und mehr Variable erstellt werden (vgl. etwa *McWhinney*). Die Verwendung von Reaktionssystemen, die normalerweise in Form von Differentialgleichungen geschrieben werden, hat. u.a. zur Veraussetzung, daß die Reaktionen eines Individuums auf Verhaltensreize des anderen Individuums nicht zu unspezifisch sind, d.h. nicht in allzugroßem Maße von externen "Störungen" abhängen.

Modell 2 dürfte ganz abgesehen von der Meßproblematik, in der vorliegenden komplexen Form nicht zu testen sein. Es müssen daher Reduktionen vorgenommen werden. Eine radikale Reduktion würde die direkte Verbindung der externen Faktoren E, Ä und Ä' mit einer Zielgröße, A, S oder Kg darstellen, für die geeignete Funktionen zu finden wären. Das Modell könnte dann sukzessive erweitert werden. Eine solche Erweiterung stellt Modell 1 dar, mit dem wir uns noch etwas näher beschäftigen wollen.

Wir wollen annehmen, daß sich die Kontakte K in "Kontaktintensitäten" K_x und K_y zerlegen lassen, die etwa durch die Informationsmengen gemessen werden könnten, die X an Y bzw. Y an X abgibt.

$K_{x,o}$, $K_{x,1}$ . . . $K_{x,t}$ sollen die Kontaktintensitäten von X sein, die zu einem bestimmten Zeitpunkt in einem Kontakt auf Y einwirken. Die Zusammenhänge in Modell 1 lassen sich dann in elementarer Weise etwa wie folgt formulieren:

(31)
$$\begin{aligned} \text{i) } S_{y,t} &= aK_{x,t} \\ \text{ii) } A_{y,t} &= bS_{y,t} \\ \text{iii) } K_{y,t+1} &= cA_{y,t} \end{aligned}$$

Ein entsprechendes System kann für die zweite Person aufgestellt werden. ii) kann als das "law of attraction" aufgefaßt werden. Wenn wir ii) und iii) in $S_{y,t} = \frac{1}{b} A_{y,t}$ und $A_{y,t} = \frac{1}{c} K_{y,t+1}$ umformen und in i) einsetzen dann erhalten wir

(32)
$$K_{y,t+1} = \alpha K_{x,t} \quad ; \quad \alpha = abc$$

Entsprechend läßt sich für das zweite Individuum schreiben:

(33)
$$K_{x,t+1} = \beta K_{y,t}$$

α und β stellen die "Verarbeitungskoeffizienten" von X bzw. Y dar, die die empfangenen mit den abzugebenden Kontaktintensitäten verbinden. Nach (32) und (33) ergibt sich für die graphische Darstellung von Modell 1 die verkürzte Form von Abbildung 14, die wir als Modell 1a bezeichnen wollen.

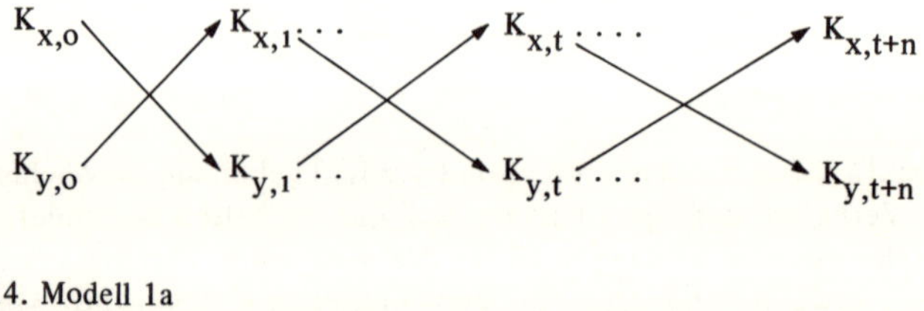

Abb. 14. Modell 1a

$K_{x,o}$ und $K_{y,o}$ bezeichnen die anfänglichen Intensitäten von X und Y. Die Kontaktintensitäten zum Kontakt-Zeitpunkt t lassen sich einfach nach (34) bestimmen:

(34) $$W\,A^t = (K_{x,t}\,,\,K_{y,t})$$
$$A = \begin{pmatrix} o & \alpha \\ \beta & o \end{pmatrix} \quad W = (K_{x,o}\,,\,K_{y,o})$$

W ist der Vektor der Intensitäten des ersten Kontakts. Hier zeigt sich eine mögliche Beschränkung von Modell 1. Die Ergebnisse des Entwicklungsprozesses sind durch die Anfangszustände determiniert, soweit keine externen Einflüsse im Zeitablauf auf die Kontaktintensitäten einwirken oder die Verarbeitungskoeffizienten verändern. Über die Koeffizienten lassen sich keine näheren Angaben machen. Die Analyse möglicher Verlaufsformen von (34) ergibt mehr oder minder starke Schwankungen der Intensitäten beider Individuen im Zeitablauf. Eine Ausnahme bildet die Situation, in der die Individuen gleiche Ausgansdaten und gleiche Verarbeitungskapazitäten besitzen. Die Schwankungen stammen daher, daß die Kontaktintensität eines Individuums nur jeweils über zwei Perioden hinweg mit einer eigenen vorausgehenden Intensität verknüpft ist, im Individuum daher zwei durch den Partner vermittelte Zustandsketten abwechselnd zum Vorschein kommen (vgl. Abb.14). Es scheint deshalb sinnvoll zu sein, die aufeinanderfolgenden Zustände eines Individuums auch direkt zu verknüpfen, also ein "Gedächtnis" einzuführen, wodurch die beiden Reaktionsketten im Individuum miteinander verbunden würden. Stellen γ und δ die "Gedächtnisfaktoren" von X bzw. Y dar, dann geht (34) über in

(35) $$W\,G^t = (K_{x,t}\,,\,K_{y,t}) \qquad G = \begin{pmatrix} \gamma & \alpha \\ \beta & \delta \end{pmatrix}$$

Ob die Reaktionen auf die Stimuli des Anderen und der direkte Anschluß an eigenen vorausgegangene Zustände im Individuum sich allerdings wie in (35) additiv miteinander verbinden lassen, ist fraglich. Die direkte Verknüpfung intraindividueller Zustände wirft weiterhin die Frage auf, ob zur Darstellung des Prozesses nicht Differenzengleichungen höherer Ordnung verwendet werden müßten. Daß solche Fragen nur auf dem Wege der Datenanpassung entschieden werden können, zeigt die Schwäche der Theorie.

Unsere simplen Modellannahmen geben keine Antworten, sondern zeigen, in welchen Richtungen weitere Fragen zu stellen sind. So könnten die Koeffizienten nicht konstant sein, sondern eine Funktion der Zeit sein. Es ist denkbar daß die Reagibilität der Individuen im Verlauf der Entwicklung abnimmt, die Kurve der Attraktion damit einen asymptotischen Verlauf beschreiben könnte. Ebenso besteht die Möglichkeit, die Verarbeitungskoeffizienten in Abhänigkeit vom bereits erreichten Attraktionsniveau zu sehen, etwa in Analogie zum Fechnerschen Gesetz, das besagt, daß die Reaktionsstärke proportional dem Logarithmus der Reizstärke wächst. Annahmen dieser Art dürften plausibel sein, da ein stetiges und unbegrenztes Wachstum der Attraktion oder einer anderen Variable nicht den realen Verlaufsformen entsprechen dürfte.

Nach Theorem K 1 ist nicht nur die kumulierte Kontakthäufigkeit von Bedeutung für Attraktion sondern auch die Kontakthäufigkeit pro Zeiteinheit, die durch die Erreichbarkeiten wie durch Kontaktalternativen bestimmt sein dürfte. Die Berücksichtigung der Kontakthäufigkeiten führt von dem deterministisch angelegten Modell 1 zu einem stochastischen Modell. Nehmen wir an Individuum X habe die Möglichkeit, mit den Individuen Y und Z in Kontakt zu treten. Die Wahrscheinlichkeit, daß die Wahl von Y "belohnend" ist, sei Πy, entsprechend sei die Wahrscheinlichkeit einer Belohnung bei der Wahl von Z Πz. Die Wahrscheinlichkeit der Wahl von Y oder Z zu einem Zeitpunkt t soll in einem Lernvorgang von den Wahrscheinlichkeiten der Belohnung abhängen. Dieser Lernprozeß könnte in einfacher Weise etwa folgendermaßen dargestellt werden:

(36) $$p_y(t) = \Pi y \, p_y(t-1) + (1-\Pi z) \quad (1-p_y(t-1))$$

Die Wahrscheinlichkeiten für die Wahlen von Y oder Z zum Zeitpunkt (t_n) folgen dann aus

(37) $$\bar{p}(t_n) = \Pi^n \bar{p}(t_o) \qquad \Pi = \begin{pmatrix} \Pi y & (1-\Pi z) \\ (1-\Pi y) & \Pi z \end{pmatrix}$$

$\bar{p}(t_n)$ ist der Vektor der der Wahrscheinlichkeiten der Wahlen zum Zeitpunkt (t_n), $\bar{p}(t_o)$ der Vektor der Anfangswahrscheinlichkeiten, der durch die Erreichbarkeiten gesetzt sein könnte. Der asymptotische Wert für die Wahl von Y sei

$p_y^* = P_y(t_n) = p_y(t_{n-1})$. Dann geht (36) über in

(38) $$p_y^* = \frac{1-\Pi z}{(1-\Pi y)+(1-\Pi z)}$$

Auf die "Dauer gesehen" haben also die Erreichbarkeiten in diesem Ansatz keinen Einfluß auf das Kontaktverhalten des Individuums.

Ob ein Kontakt mit Y oder Z für X belohnend ist, hängt von dem Verhalten der Individuen in der Kontaktsituation ab. Belohnend könnte ein Kontakt etwa dann sein, wenn sich die Beteiligten konform verhalten. Besitzen die Individuen zwei Handlungsmöglichkeiten, dann könnte dieser Situation folgende "Spielmatrix" entsprechen:

		Y: S	Y: R
X	S	1	−1
	R	−1	1

Die Wahrscheinlichkeiten für die Wahl von S und R seien für X p_s bzw. $1-p_s$, entsprechend für Y q_s und $1-q_s$. Wir wollen wiederum einen Lernprozeß unterstellen, etwa von der Art

(39) $$\begin{aligned} p_s(t) &= a_1 q_s(t-1) + a_2(1-q_s(t-1)) \\ &= (a_1 - a_2)\, q_s(t-1) + a_2 \end{aligned}$$

(40) $$q_s(t) = b_1 p_s(t-1) + b_2 (1-p_s(t-1)) = (b_1 - b_2)\, p_s(t-1) + b_2$$

Ersetzen wir nun $q_s\,(t-1)$ in (39) nach der Vorlage von (40), so erhalten wir

$$p_s(t) = (a_1-a_2)\,(b_1-b_2)\,p_s(t-2) + (a_1-a_2)\,b_2 + a_2$$

oder abgekürzt

$$\begin{aligned} p_s(t) &= w\,p_s(t-2) + g \\ &= w^2\,p_s(t-4) + wg + g \\ &= w^{\frac{t}{2}}\,p_s(t_o) + \frac{1-w^{\frac{t}{2}}}{1-w}\,g \\ &= \frac{g}{1-w} + (p_s(t_o)\;\; \frac{g}{1-w})\;w^{\frac{t}{2}} \end{aligned}$$

In gleicher Weise kann $q_s(t)$ auf die Ausgangswerte zurückgeführt werden. Die Belohnungswahrscheinlichkeit in (36) für den Kontakt mit Y ergibt sich dann aus

(41) $$\Pi y(t) = p_s(t)\,q_s(t) + (1-p_s(t))\,(1-q_s(t))$$

Damit sind die Belohnungswahrscheinlichkeiten nicht mehr konstant, sondern hängen selbst vom Prozeß ab. Die Belohnungswahrscheinlichkeiten können weiterhin mit den Belohnungshöhen gewichtet werden. Damit ergibt sich das zusätzliche Problem, daß die Belohnungshöhen der beiden Personen von einander abhängig sein können, daß etwa das "Glück" des einen dadurch beeinflußt wird, in welchem Maße das andere Individuum "glücklich" ist (vgl. *Preston* 1961).

Der Versuch, diese Überlegungen für ein n-Personen-System zu vervollständigen, bringt eine Reihe von Komplikationen mit sich und würde hier zu weit führen. Arbeiten in dieser Richtung sind von *Rainio* in Form von Experimenten (1961) und Simulationen (1965) unternommen worden. In diesen Studien wird die Kontaktwahrscheinlichkeit zwischen Individuen einer größeren Population durch zwei Vektoren bestimmt, von denen der eine die Wahrscheinlichkeit für jedes Individuum angibt, zu einem bestimmten Zeitpunkt zu wählen, der andere, die Wahrscheinlichkeit gewählt zu werden, enthält. Zu jedem Zeitpunkt findet in der Population nur ein Kontakt statt. Simultane Kontaktaufnahmen werden ausgeschlossen, da es Schwierigkeiten zu bereiten scheint, jene Fälle zu behandeln, in denen ein Individuum zu einem anderen Kontakt aufnimmt, das seinerseits zu einem dritten Individuum eine Beziehung anknüpfen will. Dieses Problem stellt sich auch für unseren Ansatz. Hier müssen Annahmen über die Aufteilbarkeit von Kontaktzeiten zu Hilfe genommen werden. Weiterhin muß auch das Belohnungssystem bestimmten Restriktionen unterworfen werden.

Trotz dieser und anderer Schwierigkeiten und trotz der "Armut" der statistischen Lernmodelle dürfte es sinnvoll sein, diese Arbeitsrichtung weiter zu verfolgen. Sieht man von therapeutischen Absichten ab, dann dürfte sich das Studium dyadischer Beziehungen für die soziologische Theoriebildung nur dann als weiterführend erweisen, wenn es gelingt, aus Vorgängen in Dyaden Gruppenprozesse zu (re-) konstruieren. Hier könnte ein sinnvoller Weg bestehen, "Mikro-" und "Makrotheorien" ineinander zu überführen. Inwieweit es bei einem solchem Vorhaben angebracht erscheinen wird, auf unsere Sätze über dyadische Beziehungen in der einen oder anderen Weise zurückzugreifen, wird sich herausstellen müssen.

Literaturverzeichnis

Benutzte Abkürzungen:

AJS – American Journal of Sociology
ASR – American Sociological Review
BS – Behavioral Science
HR – Human Relations
JASP – Journal of Abnormal and Social Psychology
JCR – Journal of Conflict Resolution
JPSP – Journal of Personality and Social Psychology
JSP – Journal of Social Psychology
KZfSS – Kölner Zeitschrift für Soziologie und Sozialpsychologie

Abell, P.: Structural balance in dynamic structures, Sociology, 1968, 2, S. 333 - 352

Abelson, R.P.: Modes of resolution of belief dilemmas, JCR, 1959, 3, S. 343 - 352

Abelson, R.P., Rosenberg, M.J.: Symbolic psycho-logic: a modell of attitudinal cognition, BS, 1958, 3, S. 1 - 13

Adams, E.W.: Survey of bernoullian utility theory, in: Mathematical thinking in the measurement of behavior, Hrsg. H.Solomon, Glencoe 1960, S. 151 - 268

Adams, J.S.: Reduction of cognitive dissonance by seeking consonant information, JASP, 1961, 62, S. 74 - 78

Adams, J.S.: Toward an understanding of inequity, JASP, 1963, 67, S. 422 - 436

Adams, J.S.: Inequity in social exchange, in: Advances in experimental social psychology, Vol.2, Hrsg. L. Berkowitz, New York 1965, S. 267 - 299

Adermann, D.: Effects of anticipating future interaction on the preference for balanced states, JPSP, 1969, 11, S. 214 - 219

Albert, R.S., Brigante, T.R.: The psychology of friendship relations: Social factors, JSP, 1962, 56, S. 33 - 47

Allardt, E.: Aggregate analysis: The problem of its informative value, in: Quantitative ecological analysis in the social sciences, Hrsg. M.Dogan, S.Rokkan, Cambridge, Mass.-London 1969, S. 42 - 51

Anderson, L.R.: Prediction of negative attitude from congruity, summation, and logarithm formulae for the evaluation of complex stimuli, JSP, 1970, 81, S. 37 - 48

Anderson, N.H.: Averaging versus adding as a stimulus-combination rule in impression formation, J.exp.Psychol. 1965, 70, S. 394 - 400

Argyle, M., Dean, J.: Eye-contact, distance and affiliation, Sociometry, 1965, 28, S. 289 - 304

Argyle, M., Lallje, M., Cook, M.: The effects of visibility on interaction in a dyad, HR, 1968, 21, S. 3 - 17

Aronson, E., Linder, D.: Gain and loss of esteem as determinants of interpersonal attractiveness, Journal of experimental Social Psychology, 1965, 1, S. 156 - 171

Aronson, E., Mills, J.: The effect of severity of initiation on liking for a group, JASP, 1959, 59, S. 177 - 181

Backmann, C.W., Secord, P.F.: The effect of perceived liking on interpersonal attraction, HR, 1959, 12, S. 379 - 384

Backmann, C.W., Secord, P.F.: Liking, selective interaction, and misperception in congruent interpersonal relations, Sociometry, 1962, 25, S.321-32 S. 321 - 325

Bales, R.F.: Interaction process analysis, 1951

Banta, T.J., Hetherington, M.: Relations between needs of friends and fiances, JASP, 1963, 66, S. 401 - 404

Bartos, O.J.: Simple models of group behavior, New York 1967

Basset, R.E.: A note on Stouffer's theory, ASR, 1954, 19

Bateson, G., Jackson D.D., u.a.: Schizophrenie und Familie, Frankfurt/M. 1969

Bernard, J.: The adjustment of married mates, in: The handbook of marriage and the family, Hrsg. H.T.Christensen, Chicago 1964, S. 675 - 739

Berger, J., Cohen, B.P., Snell, J.L., Zelditch, M.: Eine Formalisierung von Heiders Gleichgewichtstheorie, in: R.Mayntz, hrsg. Formalisierte Modelle in der Soziologie, Neuwied-Berlin 1967, S. 101 - 119

Berkowitz, L.: Social motivation, in: The handbook of social psychology, Vol. III, Hrsg. G.Lindzey, E.Aronson, Reading etc. 1969, S. 50 - 135

Berkowitz L., Daniels, L.R.: Responsibility and dependence, JASP, 1963, 66, S. 427 - 436

Berkowitz, L., Daniels, L.R.: Affecting the salience of the social responsibility norm, JASP, 1964, 68, S.275-281

Berkowitz, L., Howard, R.C.: Reactions to opinion deviates as affected by affiliation need (n) and group membership interdependence, Sociometry 1959, 22, S. 81 - 91

Bixenstine V.E., Wilson, K.V.: Effects of level of cooperative choice by the other player on choices in a prisoner's dilemma game. Part II, JASP, 1963, 67, S. 139 - 147

Blau, P.M.: Exchange and power in social live, New York 1964

Blood, R.O.: Love match and arranged marriage, New York 1967

Blumberg, H.H.: On being liked more than you like, JPSP, 1969, 11, S. 121 - 128

Bossard, J.H.S.: Residential propinquity as a factor in marriage selection, AJS, 1932, 38, S. 219 - 224

Bossom, J., Maslow, A.H.: Security of judges as a factor in impressions of warmth in others, JASP, 1957, 55, S. 147 - 148

Bowermann, C.E.: Age relationships at marriage, by marital status and age at marriage, Marriage and Family Living, 1956, 18, S. 231 - 233

Bowermann, C.E., Day, B.R.: A test of the theory of complementary needs as applied to couples during courtship, ASR, 1956, 21, S. 602 - 609

Bowley, A.L.: On bilaterial monopoly, The Economic Journal, 1928, 38 S. 651 - 659

Braithwaite, R.B.: Theory of games as a tool for the moral philosopher, Cambridge 1955

Brewer, R.E., Brewer M.B.: Attraction and accuracy of perception in dyads, JPSP, 1968, 8, S. 188 - 193

Brown, R.: Social psychology, New York - London 1965

Broxton, J.A.: A test of interpersonal prediction derived from balance theory, JASP, 1963, 66, S.394 - 397

Burchinal, L.G.: The premarital dyad and love involvement, in: Handbook of marriage and the family, Hrsg. H.T.Christensen, Chicago 1964 S. 623 - 674

Burchinal, L.G., Chancellor, L.E.: Ages at marriage, occupations of grooms and interreligious marriage rates, Social Forces, 1962(a), 40, S.348-354

Burchinal, L.G., Chancellor, L.E.: Proportions of catholics, urbanism, and mixed-catholic marriage rates among Iowa countries, Social Problems, 1962(b), 9, S. 359 - 365

Burdick, H.A., Burnes, A.J.: A test of strain towards symmetry, JASP, 1958, 57, S. 367 - 370

Burma, J.: Research note on the measurement of interracial marriages, AJS, 1952, 57, S. 587 - 589

Burnstein, E.: Interdependence in groups, in: Experimental social psychology, Hrsg. J.Mills, London 1969, S.305-405

Burnstein, E., Stotland, E., Zander, A.: Similarity to a model and self-evaluation, JASP, 1961, 62, S.264-275

Burnstein, E., Worchel, P.: Arbitrariness of frustration and its consequences for agression in a social situation, Journal of Personality, 1962, 30, S. 528 - 541

Byrne, D.: The influence of propinquity and opportunity for interaction on classroom relationships, HR, 1961(a), 14, S. 63 - 69

Byrne, D.: Interpersonal attraction as a function of affiliation need and attitude similarity, HR, 1961(b), 14, S. 283 - 289

Byrne, D.: Interpersonal attraction and attitude similarity, JASP, 1961(c), 62, S. 713 - 715

Byrne, D., Blaylock, B.: Similarity and assumed similarity between husbands and wives, JASP, 1963, 67, S. 636 - 640

Byrne, D., Buehler, J.A.: A note on the influence of propinquity upon acquaintanceships, JASP, 1955, 51, S. 147 - 148

Byrne, D., Griffitt, W.: A developmental investigation of the law of attraction, JPSP, 1966, 4, S. 699 - 702

Byrne, D., Griffitt, W., Stefaniak, D.: Attraction and similarity of personality characteristics, JPSP, 1967, 5, S. 82 - 90

Byrne, D., Lamberth, J., Palmer, J., London, O.: Sequential effects as a function of explicit and implicit interpolated attraction responses, JPSP, 1969, 13, S. 70 - 78

Byrne, D., McGraw,C.: Interpersonal attraction towards negroes, HR, 1964, 17, S. 201 - 213

Byrne, D., Nelson, D.: Attraction as a linear function of proportion of positive reinforcements, JPSP, 1965, 1, S. 659 - 663

Byrne, D., Rhamey, R. : Magnitude of positive and negative reinforcements as a determinant of attraction, JPSP, 1966, 2, S. 98 - 107

Byrne, D., Wong, T.J.: Racial prejudice, interpersonal attraction, and assumed disimilarity of attitudes, JASP, 1962, 65, S. 246 - 253

Campbell, E.Q., Alexander, C.N.: Structural effects and interpersonal relationships, AJS, 1965, 71, S. 284 - 289

Caplow, T., Forman, R.: Neighborhood interaction in a homogenous community, ASR, 1950, 15, S.357 - 366

Cartwright, D., Harary, F.: Structural balance: A generalization of Heider's theory, Psychological Review, 1956, 63, S. 277 - 293

Cartwright, D., Harary, F.: Ambivalence and indifference in generalizations of structural balance, BS, 1970, 15, S. 497 - 513

Catton, W.R., Smircich, R.J.: A comparison of mathematical models for the effect of residental propinquity on mate selection, ASR, 1964, 29, S. 522 - 529

Centers, R.: Marital selection and occupational strata, AJS, 1949, 54, S. 530 - 535

Clark, A.C.: An examination of the operation of residental propinquituty as a factor in mate selection, ASR, 1952, 17, S. 17 - 22

Clore, G.L., Baldridge, B.: Interpersonal Attraction: The role of agreement and topic interest, JPSP, 1968, 9, S. 340 - 346

Cohn, T.S., Yee, W., Brown, V.: Attitude change and interpersonal attraction, JSP, 1961, 55, S. 207 - 211

Coleman, J.S.: The mathematical study of small groups, in: Mathematical thinking in the measurement of behavior, Hrsg. H.Solomon, Glencoe 1960

Coleman, J.S.: Introduction to mathematical sociology, Glencoe 1964

Coombs, R.H.: Reinforcement of values in the parental home as a factor in mate selection, Marriage and Family Living, 1962, 24, S. 155 - 157

Cutler, B.R., Dyer, W.G.: Initial adjustment processes in young married couples, Social Forces, 1965, 44, S. 195 - 201

Darley, J.M., Berscheid, E.: Increased liking as a result of the anticipation of personal contact, HR, 1967, 20, S. 29 - 39

McDavid, J.W., Harari, H.: Social psychology, London, Tokyo 1968

Davis, J.A.: Structural balance, mechanical solidarity, and interpersonal relations, AJS, 1963, S. 444 - 462

Davis, J.A.: Statistical analysis of pair relationships: symmetry, subjectiv consistency, and reciprocity, Sociometry, 1968, 31, S. 102 - 119

Davitz, J.R.: Social perception and sociometric choice of children, JASP, 1955, 50, S. 173 - 176

Davitz, J.R.: The communication of emotional meaning, New York etc. 1964

Davol, S.H.: An empirical test of structural balance in sociometric triads, JASP, 1959, 59, S. 393 - 398

Day, B.R.: A comparison of personality needs of courtship couples and same sex friendships, Sociology and Social Research, 1962, 45, S. 435 - 440

DeMartino, M.F. (Hrsg.): Sexual behavior and personality characteristics, New York 1963

DeSoto, C.B.: Learning a social structure, JASP, 1960, 60, S. 417 - 421

DeSoto, C.B., Kuethe, J.L.: Subjective probabilities of interpersonal relations, JASP, 1959, S. 290 - 294

Deutsch, M.: The effect of motivational orientation upon trust and suspicion, HR, 1960, 13, S.123 - 139

Deutsch, M., Krauss, R.M.: The effect of threat upon interpersonal bargaining, JASP, 1960, 61, S. 181 - 189

Deutsch, M., Krauss, R.M.: Studies of interpersonal bargaining, JCR, 1962, 6, S. 52 - 76

Deutsch, M., Solomon, L.: Reactions to evaluations by others as influenced by self-evaluations, Sociometry, 1959, 22, S. 93 - 112

Dittes, J.E.: Attractiveness of group as a function of self-esteem and acceptance by group, JASP, 1959, 59, S. 77 - 82

Dodd, S.C., Garabedian, P.G.: The logistic law of interaction when people pair off "at will", JSP, 1961, 53, S. 143 - 158

Dolbear, F.T., Lave, L.B. u.a.: Collusion in the prisoner's dilemma: number of strategies, JCR, 1969, 13, S.252-261

Dreyer, A.S.: Aspiration behavior as influenced by expectation and group comparison, HR, 1954, 7, S.175-190

Edwards, A.L.: Edwards personal preference schedule, New York 1954

Edwards, W., Tversky, A. (Hrsg.): Decision making, Penguin Modern Psychology 1967

Ellsworth, P.C., Carlsmith, J.Marill: Effects of eye contact and verbal content on affective response to a dyadic interaction, JPSP, 1968, 10, S. 15 - 20

Eng, E.W.: An approach to the prediction of sociometric choice, Sociometry, 1954, 17, S. 329 - 339

Feather, N.T.: Cognitive dissonance, sensitivity, and evaluation, JASP, 1963, 66, S. 157 - 163

Feather, N.T.: A structural balance analysis of evaluative behaviour, HR, 1965, 18, S. 171 - 186

Feather, N.T.: The prediction of interpersonal attraction. Effects of sign and strength of relations in different structures, HR, 1966, 19, S. 213-237

Festinger, L.: A theory of social comparison processes, HR, 1954, 7, S. 117 - 140

Festinger, L., Hutte, H.A.: An experimental investigation of the effect of unstable interpersonal relations in the group, JASP, 1954, 49, S. 513-522

Festinger L.: Informal social communication; in: Group dynamics, Hrsg. D.Cartwright, A.Zander, Evanston-Elmford 1960, S. 286 - 299

Festinger, L., Gerard, H.B., Hymovitch,H. Kelley, H., Rosen, B.: The influence process in the presence of extreme deviates, HR, 1952, 5, S. 327 - 346

Festinger, L., Schachter, S., Back, K.: Social pressures in informal groups. A study of human factors in housing, New York 1950

Festinger, L., Torrey, J., Willermann, B.: Self-evaluation as a function of attraction to the group, HR, 1954, 7, S. 161 - 174

Fey, W.F.: Acceptance of others and its relation to acceptance of self and others: a revaluation JASP, 1955, 50, S. 274 - 276

Fiedler, F.E., Warrington, W.F. Blaisdell, F.J.: Unconsciousness attitudes and the dynamics of sociometric choice in a social group, JASP, 1952, 47, S. 790 - 796

Fishbein, M., Hunter, R.: Summation versus balance in attitude organization and change, JASP, 1964, 69, S. 505 - 510

Flament, C.: Applications of graph theory to group structure, Englewood Cliffs 1963

Foa, U.G.: Behaviour, norms, and social rewards in a dyad, BS, 1958, S. 323 - 334

Foa, U.G.: Empathy or behavioral transparency? JASP, 1958(a), 56, S. 62 - 66

Foa, U.G.: The structure of interpersonal behaviour in the dyad, in: Mathematical Methods in Small Group Processes, Hrsg. J.H.Criswell, H.Solomon, P.Suppes, Standford 1962, S.166-179

Freedman, J.L.: Preference for dissionant information, JPSP, 1965, 1, S. 287 - 289

Freedman, J.L., Sears, D.O.: Selective exposure, in: Advances in experimental social psychology, Vol. 2, Hrsg. L.Berkowitz, New York - London 1965, S. 57 - 97

Friedell, M.F.: On the structure of shared awareness, BS, 1969, 14, S. 28-39

Gallo, P.S.: Effects of increased incentives upon the use of threat in bargaining, JPSP, 1966, 4, S. 14 - 20

Gallo, P.S.: Personality impression formation in an maximizing difference game, JCR, 1969, 13, S. 118 - 122

Gallo, P.S., McClintock, C.G.: Cooperative and competitive behavior in mixed-motive games, JCR, 1965, 9, S. 68 - 78

Galtung, J.: Expectations and interaction processes, Inquiry, 1959, 11, S. 213 - 234

Gerard, H.B.: Conformity and commitment to the group, JASP, 1964, 68, S. 209 - 211

Gerard, H.B.: The anchorage of opinions in face-to-face groups, HR, 1954, 7, S. 313 - 325

Gergen, K.J., Wishnov, B.: Other's self-evaluation and interaction anticipation as determinants of self-presentation, JPSP, 1965, 2, S. 348 - 358

Giegel, H.J.: Die Logik der seelischen Ereignisse. Zu Theorien von L. Wittgenstein und W. Sellars, Frankfurt/M. 1969

Giese, P.J.: The logic of "symbolic psycho-logic", BS' 1967, 12, S.391-395

Glick, P.C., Landau, E.: Age as a factor in marriage, ASR, 1950, S.517-529

Golden, J.: Characteristics of the negro-white intermarried in Philadelphia, ASR, 1953, 18, S. 177 - 183

Golden, J.: Patterns of negro-white intermarriage, ASR, 1954, 19 S. 144 - 147

Goffman, E.: The presentation of self in everyday life, Garden City, N.Y., 1959

Goffman, E.: Strategic Interaction, Philadelphia 1969

Goranson, R.E., Berkowitz, L.: Reciprocity and responsibility reactions to prior help, JPSP, 1966, 3, S. 227-232

Gouldner, A.W.: The norm of reciprocity: a preliminary statement, ASR, 1960, 25, S. 161 - 178

Greenberg, H.M., Corwin, J.: A theoretical discussion on canalization as it applies to love in our culture, JSP, 1962, 56, S. 171 - 178

Griffitt, W.B.: Interpersonal attraction as a function of self-concept and personality similarity – dissimilarity, JPSP, 1966, 4, S. 581 - 584

Griffitt, W.B.: Personality similarity and self-concept as determinants of interpersonal attraction, JSP, 1969, 78, S. 137 - 146

Hammer, C., Ikle, F.C.: Intercity telephone and airline traffic related to distance and the propensity to interact, Sociometry, 1957, 20, S. 306 - 316

Harary, F.: On the measurement of structural balance, BS, 1959, 4, S. 316 - 323

Harary, F.: A graph theoretic approach to similarity relations, Psychometrika, 1964, 29, S. 143 - 151

Harary, F., Norman, R.Z., Cartwright, D.: Structural Models: An introduction to the theory of directed graphs, New York - London - Sidney 1965

Harford, T., Solomon, L.: "Reformed sinner" and "lapsed saint" strategies in the prisoner's dilemma game, JCR, 1967, 11, S. 104 - 109

Harrah, D.: A model of semantic information and message evaluation. in: Mathematical explorations in behaviorel science, Hrsg. Fred Massarik, Philburn Ratoosh, Homowood 1965, S. 56 - 65

Heer, D.M.: The trend of interfaith marriages in Canada: 1922 - 1957, ASR, 1962, 27, S. 245 - 250

Heider, F.: Attitudes and cognitive organization, Journal of Psychology, 1946, 21, S. 107 - 112

Heider, F.: The psychology of interpersonal relations, New York - London - Sidney 1958

Heiss, J.S.: Degree of intimacy and male-female-interaction, Sociometry, 1962, 25, S. 197 - 208

Hermann, C.F.: Validation problems in games and simulations with special reference to models of international politics, BS, 1967, 12, S. 216 - 231

Hoffmann, L.R., Maier, N.R.F.: An experimental reexamination of the similarity-attraction hypothesis, JPSP, 1966, 3, S. 145 - 152

Hoffmann, P.J., Festinger, L., Lawrence, D.H.: Tendencies toward group comparability in competitive bargaining, Human Relations, 1954, 7, S.141-159

Hoffmann, R.I.: Similarity of personality: a basis for interpersonal attraction? Sociometry, 1958, 21, S. 300 - 308

Hollingshead, A.B.: Cultural factors in mate selection, ASR, 1950, 15, S. 619 - 627

Hollingshead, A.B.: Age relationships and marriage, ASR, 1951, 16, S.492-499

Homans, G.C.: Social behavior as exchange, AJS, 1958, 63, S.597-606

Homans, G.C.: Theorie der sozialen Gruppe, Köln-Opladen 1960

Homans, G.C.: Social behavior. Its elementary forms, New York 1961

Horwitz, M.: The veridicality of liking and disliking, in: Person perception and interpersonal behavior, Hrsg. R.Tagiuri, L.Petrullo, Stanford 1958, S. 191 - 209

Hummell, H.-J.: Rezension: P.M.Blau, Exchange and Power in Social Life, KZfSS, 1969, 21, S. 160 - 168

Insko, C.A.: Thecries of attitude change, New York 1967

Izard, C.E.: Personality similarity and friendship, JASP, 1960(a), 61, S. 47 - 51

Izard, C.E.: Personality similarity, positive affect, and interpersonal attraction, JASP, 1960(b), 61, S.484-485

Jecker, J., Landy, D.: Liking a person as a function of doing him a favor, HR, 1969, 22, S. 371 - 378

Jellison, J.M., Zeisset, P.T.: Attraction as a function of the communality and desirability of a trait shared with another, JPSP, 1969, 11, S.115 - 120

Jennings, H.H.: Leadership and isolation, New York 1943

Jones, E.E.: Ingratiation: A social psychological analysis, New York 1964

Jones, E.E., Davis, K.E.: From acts to dispositions. The attribution process in person perception, in: Advance in experimental social psychology, Vol. 2, Hrsg. L.Berkowitz, New York - London 1965

Jones, E.E., Thibaut, J.W.: Interaction goals as bases of inference in interpersonal perception, in: Person perception and interpersonal behavior, Hrsg. R.Tagiuri, L.Petrullo, Stanford 1958, S. 151 - 178

Jordan, N.: Behavioral forces that are a function of attitudes and cognitive organization, HR, 1953, 6, S.273-287

Jourard, S.M.: Self-disclosure and other-cathexis, JASP, 1959, 59, S.428-431

Jourard, S.M., Lasahow, P.: Some factors in self-disclosure, JASP, 1958, 56, S. 91 - 98

Karlsson, G.: Social mechanisms. Studies in sociological theory. Stockholm 1958

Karlsson, G.: Adaptability and communication in marriage, second re.ed., Totowa, 1963

Katz, L., Powell, J.H.: Measurement of the tendency toward reciprocation of choice, Sociometry, 1955, 18, S.659-665

Katz, A.M., Hill, R.: Residental propinquity and marital selection: a review of theory, method and fact, Marriage and Family Living, 1968, 20, S.37-40

Katz, L., Proctor, Ch.H.: The concept of configuration of interpersonal relationsin a group as a time-dependent stochastic process, Psychometrika, 1959, 24, S. 317 - 327

Kelley, H.H.: Experimental studies of threats in interpersonal negotiations, JCR, 1965, 9, S. 79 - 105

Kelley, H.H.: Attribution Theory in social psychology, Nebraska Symposium on Motivation, 1967, 15, S. 192 - 240

Kelley, H.H., Thibaut, J.W., Radloff, R., Mundy, D.: The development of cooperation in the "minimal social situation", Psychological Monographs, 1962, 76, No. 19

Kelly, G.A.: The psychology of personal constructs, New York 1955

Kerckhoff, A.C., Davis, K.E.: Value consensus and need complementarity in mate selection, ASR, 1962, 27, S. 295 - 303

Kernodle, W.: Some implications of the homogamy-complementary needs theories of mate selection for sociological research, Social Forces, 1959, 38, S. 145 - 152

Kipnis, D.M.: Change in self-concept in relation to perception of others, Journal of Personality, 1961, 29, S. 449 - 465

Klaus, G.: Kybernetik in philosophischer Sicht, Berlin 1961

Kling, A.J.: Homophilie des valeurs ou influence par sympathie? , Revue franc. Sociologie, 1967, 8, S. 188 - 197

Kogan, N., Tagiuri, R.: Interpersonal preference and cognitive organization, JASP, 1958, 56, S. 113 - 116

Komorita, S.S.: Cooperative choice in a prisoner's dilemma game, JPSP, 1965, 2, S. 741 - 745

Kräupl Taylor, F.: Awareness of one's social appeal, HR, 1956, 9, S.47-56

Krauss, R.M., Deutsch,M.: Communication in interpersonal bargaining, JPSP, 1966, 4, S. 572 - 577

Ktsanes, T.: Mate selection on the basis of personality type? a study utilizing an empirical typology of personality, ASR, 1955, 20, S. 547 - 551

Kuhn, M.H., McPartland, T.S.: An empirical investigation of self-attitudes, ASR, 1954, 19, S. 68 - 76

Laing, R.D., Phillipson, H., Lee, A.R.: Interpersonal perception. A theory and method of research, London - New York 1966

Lambert, R.M.: An examination of the consistency characteristics of Abelson and Rosenberg's "Symbolic psychologic", BS, 1966, 11, S. 126 - 130

Langer, D.: Informationstheorie und Psychologie, Göttingen 1962

Lazarsfeld, P.F., Menzel, H.: On the relation between individual and collective properties, in: Complex organizations, Hrsg. A.Etzioni, New York 1961, S. 422 - 440

Lerner, M.J., Becker, S.: Interpersonal choice as a function of ascribed similarity and definition of the situation, HR, 1962, 15, S. 27 - 34

Leventhal, G.S., Weiss, Th., Long, G.: Equity, reciprocity, and reallocating rewards in the dyad, JPSP, 1969, 13, S. 300 - 305

Levinger, G., Breedlove, J.: Interpersonal attraction and agreement: A study of marriage partners, JPSP, 1966, 3, S. 367 - 372

Lindzey, G., Byrne, D.: Measurement of social choice and interpersonal attractiveness, in: Handbook of social psychology II, Hrsg. Gardner Linzey and Elliot Aronson, Reading, Mass, etc. 1968, S. 452 - 525

Locke, H.J., Sabagh, G., Thomes, M.M.: Interfaith marriage, Social Problems, 1957, 4, S. 329 - 333

Loomis, J.L.: Communication, the development of trust, and cooperative behavior, HR, 1959, 12, S. 305 - 315

Lott, A.J., Lott, B.E.: Group cohesiveness as interpersonal attraction: A review of relationships with antecedent and consequent variables, Psychological Bulletin, 1965, 64, S. 259 - 309

Luce, R.D., Macy, J., Tagiuri, R.: A statistical model for relational analysis, Psychometrika, 1955, 20, S. 319 - 327

Luce, R.D., Perry, A.D.: A method of matrix analysis of group structure, Psychometrika, 1949, 14

Luchins, A.S.: Primacy-recency in impression formation, in: The order of presentation in persuasion, Hrsg. C.Hovland et al., New Haven-London 1957(a), S. 33 - 61

Luchins, A.S.: Experimental attemps to minimize the impact of impressions, in: The order of presentation in persuasion, Hrsg. C. Hovland et al., New Haven - London 1957(b), S. 62 - 75

Luckey, E.B.: Marital satisfaction and congruent self-spouse concepts, Social Forces, 1960, 39, S. 153 - 157

Lundberg,G.A.,Hertzler,V.B.,Dickson,L.: Attraction patterns in a university, Sociometry, 1949, 12, S. 158 - 169

Lundy, R.M., Katovsky, W., Cromwell, R.L., Shoemaker, D.J.: Self-acceptability and descriptions of sociometric choice, JASP, 1955, 51, S. 260 - 262

McClintock, C.G., McNeel, S.P.: Reward level and game playing behavior, JCR, 1966, 10, S. 98 - 102

McGuire, W.J.: A, syllogistiv analysis of cognitive relationships, in: Attitude organizations and change. An analysis of consistency among attitude components, Hrsg. M.J.Rosenberg u.s.;, New Haven-Londen 1966, S. 65 - 111

McGuire, W.J.: The current status of cognitive consistency theories, in: Readings in attitude theory and measurement, Hrsg. Martin Fishbein, New York - London - Sidney 1967, S. 401 - 421

McKeachie, W.J.: Lipstick as a determiner of first impressions of personality, in: Social perception, Hrsg. H.Toch, C.Smith, Princeton etc. 1968, S. 33 - 36

McLeod, J., Harburg, E., Price, K.O.: Socialization, liking and yielding of opinions in imbalanced situations, Sociometry, 1966, 29, S. 197 - 212

McWhinney, W.H.: Synthesizing a social interaction model, Sociometry, 1968, 31, S. 229 - 244

Maisonneuve, J., Palmade, G., Fourment, C.: Selective choices and propinquity, Sociometry, 1952, 15, S. 135 - 140

Manis, M.: Social interaction and the self-concept, JASP, 1955, 51, S. 362 - 370

Marlowe, D., Gergen, K.J.: Personality and social interaction, in: The Handbook of social psychology, Vol.III, Hrsg. G.Linzey, E.Aronson, Reading etc. 1969, S. 590 - 665

Marlow, D., Gergen, K.J., Doob, A.N.: Opponent's personality, expectation of social interaction, and interpersonal bargaining, JPSP, 1966, 3, S. 206 - 213

Martinson, F.M.: Ego defiency as a factor in marriage, ASR, 1955, 20, S. 161 - 164

Martinson, F.M.: Ego deficiency as a factor in marriage – a male sample, Marriage and Family Living, 1959, 29, S. 48 - 52

Mehlmann, B.: Similarity in Friendships, JSP, 1962, 1957, S. 195 - 202

Mellinger, G.D.: Interpersonal trust as a factor in communication, JASP, 1956, 52, S. 304 - 309

Merton, R.K.: The social psychology of housing, in: Current trends in social psychology, Hrsg. W.Dennis et al., Pittsburgh 1948, S. 163 - 217

Miller, A.L.: Evaluation of prospective social relationships: a function of comparison level and predicted outcome level, JASP, 1963, 67, S. 437 - 445

Mills, J.: Effect of certainty about a decision upon post decision exposure to consonant and dissonant information, JPSP, 1965, 2, S.749-752

Miller, N., Campbell, T., Twedt, A., O'Connell, E.J.: Similarity contrast, and complementarity in friendship choice, JPSP, 1966, S. 3 - 12

Miyamoto, S.F., Dornbusch, M.: A test of interactionist hypotheses of self-conception, AJS, 1956, 61, S.394-403

Morehouse, L.G.: One-play, two-play, five-play, and ten-play runs of prisoner's dilemma, JCR, 1966, 10, S. 354 - 362

Morgan, W.R., Sawyer, J.: Bargaining, expectations, and the preference for equality over equity, JPSP, 1967, 6, S. 139 - 149

Morrissette, J.O.: An experimental study of the theory of structural balance, HR, 1958, 11, S. 239 - 254

Morrissette, J.O., Jahnke, J.C.: No relations and relations of strength zero in the theory of structural balance, HR, 1967, 20, S. 189 - 195

Morrissette, J.O., Jahnke, J.C., Baker, K.: Structural Balance: A test of the completeness hypothesis, BS, 1966, 11, S. 121 - 125

Mundy, R.M.: Self-perceptions regarding masculinity-femininity and descriptions of same and opposite sex sociometric choices, Sociometric, 1958, 21, S. 231 - 246

Murdoch, P.: Development of contractual norms in a dyad, JPSP, 1967, 6, S. 206 - 211

Murray, H.A.: Explorations in personality, New York 1938

Murstein, B.I.: The complementary need hypothesis in newlyweds and middle-aged couples, JASP, 1961, 63, S. 194 - 197

Murstein, B.I.: Empirical tests of role, complementary needs, and homogamy theories of marital choice, Journal of marriage and the family, 1967, 29, S. 689 - 696

Nahinsky, I.D.: A group interaction stochastic model based on balance theoretical considerations, BS, 1969, 14, S. 289 - 302

Newcomb, T.M.: An approach to the study of communicative acts, Psychological Review, 1953, 60, S.393-404

Newcomb, T.M.: The prediction of interpersonal attraction, American Psychologist, 1956, 11, S.575 - 586

Newcomb, T.M.: The cognition of person as cognizers, in: Person perception and interpersonal behavior, Hrsg. R.Tagiuri, L.Petrullo, Stanford 1958, S. 179 - 190

Newcomb, T.M.: Varieties of interpersonal attraction, in: Group dynamics. Research and theory, Hrsg. D.Cartwright, A. Zander, Evanston 1960, S. 104 - 119

Newcomb, T.M.: The acquaintance process, New York 1961

Newcomb, T.M.: Stabilities underlying changes in interpersonal attractions, JASP, 1963, 66, S. 376 - 386

Ofshe, R.: Cognitive consistency and language behavior, HR, 1970, 23, S.139 - 151

Osgood, Ch.E., Tannenbaum, P.H.: The principle of congruity in the prediction of attitude change, Psychological Review, 1955, 62, S.42-55

Oskamp, S., Perlman, D.: Factors affecting cooperation in a prisoner's dilemma game, JCR, 1965, 9, S. 359 - 374

Pastore, N.: The role of arbitrariness in the frustration-aggression hypothesis, JASP, 1952, 47, S. 728 - 731

Pastore, N.: Attributed characteristics of liked and disliked persons, JSP, 1960, 52, S. 157 - 163

Pepitone, A.: Attributions of causality, social attitudes, and cognitive matching processes, in: Person perception and interpersonal behavior, Hrsg. R.Tagiuri, L.Petrullo, Stanford 1958, S. 258 - 276

Pepitone, A.: Attraction and hostility, New York 1964

Pepitone, A., Kleinen, R.: The effects of threat and frustration on group cohesiveness, JASP, 1957, 54, S. 192 - 199

Preston, L.E.: Utility interactions in a two-person world, JCR, 1961, 5, S. 354 - 366

Preston, M.G., Peltz, W., Mudd, E.H., Froscher, H.B.: Impressions of personality as a function of marital conflict, JASP, 1962, 47, S.326-336

Price, K.O., Harburg, E., Newcomb, T.M.: Psychological balance in situations of negative interpersonal attitudes, JPSP, 1966, 3, S. 265 - 270

Priest, R.F., Sawyer, J.: Proximity and peership: Bases of balance in interpersonal attraction, AJS, 1966, 72, S. 633 - 649

Pruitt, D.G.: Reactionsystems and instability in interpersonal and international affairs, State University of New York at Buffalo, Technical Report No. 2, July 1967

Rabinowitz, L., Kelley, H.H., Rosenblatt, R.M.: Effects of different types of interdependence and response conditions in the minimal social situation, Journal of Experimental Psychology, 1966, 2, S. 169 - 197

Radloff, R.: Opinion evaluation and affiliation, JASP, 1961, 62, S. 578 - 585

Radlow, R.: An experimental study of "cooperation" in the prisoner's dilemma game, JCR, 1965, 9, S.221-227

Rainio, K.: A stochastic model of social interaction, Transactions of the Westermarck Society Vol. VII, Turku 1961

X *Rainio, K.*: Social Interaction as stochastic learning process, Archives Europeennes de Sociologie, 1965, 61, S. 68 - 89

Rapoport, A.: Nets with distance bias, Bull. Math. Biophysics, 1951, 13, S. 85 - 91

Rapoport, A.: Mathematical models of social interaction, in: Handbook of mathematical psychology, Vol. II, Hrsg. R.D.Luce, R.R.Bush, E.Galanter, New York - London - Sidney 1963, S. 493 - 579

Rapoport, A.: Two - person game theory, The essential ideas, Ann Arbor 1966

Rapoport, A., Chammah, A.: Prisoner's dilemma, Ann Arbor 1965(a)

Rapoport, A., Chammah, A.: Sex differences as factors in contributing to the level of cooperation in the prisoner's dilemma game, JPSP, 1965(b), 2, S. 831 - 838

Rapoport, A., Dale, P.: Models for prisoner's dilemma, Journal of Mathematical Psychology, 1966, 3, S. 269 - 286

Rapoport, A., Orwant, C.: Experimental games: a review, BS, 1962, 7, S. 1 - 37

Reeder, L., Donahue, G., Biblanz, A.: Conceptions of self and others, AJS, 1960, 66, S. 152 - 159

Reilly, M.St.A., Commins, W.D., Steffic, E.C.: The complementarity of personality needs in friendship choce, JASP, 1960, 61, S.292-294

Reiss, I.L.: Toward a sociology of the heterosexual love relationship, Marriage and family living, 1960, 12, S. 139 - 145 X ✓

Reiss, I.L.: Premarital sexual standards in america, New York 1960

Reiss, I.L.: The social context of premarital sexual permissiveness, New York 1967 X ✓

Rodrigues, A.: On the differential effects of some parameters of balance, Journal of Psychology, 1965, 61, S. 241 - 250

Rodrigues, A.: Effects of balance, positivity, and agreement in triadic social relations, JPSP, 1967, 5, S. 472 - 476

Rogers, E.M.: Diffusion of Innovation, New York 1962

Rommetveit, R.: Social norms and roles, Oslo 1955

Rosenberg, M.J., Abelson, R.P.: An analysis of cognitive balancing, in: Attitude organization and change, Hrsg. M.J.Rosenberg et al., New Haven - London 1960

Rosenberg, S.: Cooperative behavior in dyads as a function of reinforcement parameters, JASP, 1960, 60, S. 318 - 334

Rosenberg, S.: Mathematical models of social behavior, in: The Handbook of social psychology, Vol. I, Hrsg. G.Lindzey, E.Aronson, Reading etc. 1968, S. 179 - 244

Rosen, S.: Postdecision affinity for incompatible information, JASP, 1961, 63, S. 188 - 190

Rosenfeld, H.M, Jackson, J.: Temporal mediation of the similarity - attraction hypothesis, Journal of Personality, 1965, 33, S. 649 - 656

Rosow, I.: Issues in the concept of need-complementarity, Sociometry, 1957, 20, S. 216 - 233

Runkel, P.J.: Equilibrium and "Pleasantness" of interpersonal situations, HR, 1956, 9, S. 375 - 382

Runkel, P.J.: Cognitive similarity in facilitating communication, Sociometry, 1956, 19, S. 178 - 191

Sampson, E.E., Insko, C.A.: Cognitive consistency and performance in the autokinetic situation, JASP, 1964, 68, S. 184 - 192

Sarbin, T.R., Raft, R., Bailey, D.E.: Clinical inference and cognitive theory, New York 1960

Schachter, S.: Deviation, rejection, and communication, JASP, 1951, S. 190 - 207

Schachter, S.: Psychology of affiliation. Experimental studies of the sources of gregariousness, Stanford 1959

Schachter, S.: The interaction and physiological determinants of emotional state, in: Psychobiological approaches to social behavior, Hrsg. P.H.Leidermann, D. Shapiro, London 1965, S. 138 - 173

Schefler, A.E.: Quasi-courtship behavior in psychotherapie, in: Interpersonal dynamics. Essays and readings on human interaction, re. ed., Hrsg. W.Bennis u.a., Homewood-Nobleton 1968, S. 182 - 197

Schellenberg, J.A., Bee, L.S.: A reexamination of the theory of complementary needs in mate selection, Marriage and Family Living, 1960, 22, S. 227 - 232

Schellenberg, J.A., Wright, M.U.: Imagined disengagement and cooperation: A study of expectations of social behavior, JSP, 1969, 79, S. 79 - 87

Scodel, A.: Induced collaboration in some non-zero-sum games, JCR, 1962, 6, S. 335 - 340

Secord, P.F., Backman, C.W.: Interpersonal congruency, perceived similarity, and friendship, Sociometry, 1964, 27, S. 115 - 127

Sermat, V.: The effect of an initial cooperative or competitve treatment upon a subject's response to conditional cooperation, BS, 1967, 12, S. 301 - 313

Sidowsky, J.B., Wycoff, L.B., Tabory, L.: The influence of reinforcement and punishment in a minimal social situation, JASP, 1956, 52, S.115-119

Siegel, S., Fouraker, L.E.: Bargaining and group decision making. Experiments in bilateral monopoly, New york - Toronto - London 1960

Simon, H.A.: A formal theory of interaction in social groups, ASR, 1952, 17

Singer, J.E.: Motivation for consistency, in: Cognitive Consistency. Motivational antecedents and behavioral consequents, Hrsg. S. Feldmann, New York - London 1966, S.47-73

Singer, J.E., Shockley, V.L.: Ability and affiliation, JPSP, 1965, 1, S. 95-100

Skinner, B.F.: Science and human behavior, New York 1965

Smith, A.J.: Perceived similarity and the projection of similarity: The influence of valuess, JASP, 1958, 57, S. 376 - 378

Solomon, L.: The influence of some types of power relationships and game strategies upon the development of interpersonal trust, JASP, 1960, 61, S. 223 - 230

Stotland, E., Zander, A., Natsoulas, T.: Generalization of interpersonal similarity, JASP, 1961, 62, S.250-256

Stouffer, S.A.: Intervening opportunities: A theory relating mobility and distance, ASR, 1940

Sundal, A.P.. McCormick, T.C.: Age at marriage and mate selection, Madison, Wisconsin, 1937 - 1943, ASR, 1951, 16, S. 37 - 48

Suppes, P., Atkinson, R.C.: Markow learning models for multiperson interaction, Stanford 1960

Swensson, R.G.: Cooperation in the prisoner's dilemma game, The effects of asymmetric payoff information and explicit communication, BS, 1967, 12, S. 314 - 322

Swingle, P.G. : Dangerous games, in: The structure of conflict, Hrsg. P.G. Swingle, New York - London 1970, S. 235 - 276

Tagiuri, R.: Relational analysis: An extension of sociometric method with emphasis on social perception, Sociometry, 1952, 15, S. 91 - 104

Tagiuri, R.: Person perception, in: The Handbook of Social Psychology, Vol. III, Hrsg. G.Lindzey, E.Aronson, Reading etc., 1969, S.395 - 449

Tagiuri, R., Blake, R., Bruner, J.S.: Some determinants of the perception of positive and negative feelings in others, JASP, 1953, 48, S.585 - 592

Tagiuri, R., Kogan, N.: The visibility of interpersonal preferences, HR, 1957, 10, S. 385 - 390

Tagiuri, R., Kogan, N., Bruner, S.: The transparency of interpersonal choice, Sociometry, 1955, 18, S.624 - 635

Tannenbau, P.H.: Initial attitude toward source and concept as factors in attitude change through communication, Public Opinion Quarterly, 1956, 20, S.413 - 425

Taylor, H.F.: Balance and change in the two-person group, Sociometry, 1967, 30, S. 262 - 279

Taylor, H.F.: Balance in small groups, New York etc. 1970

Taylor, H.F.: Balance, tension, and tension release in the two-person group, HR, 1968, 21, S. 59 - 74

Thibaut, J.: The development of contractual norms in bargaining: replication and variation, JCR, 1968, 12, S. 102 - 112

Thibaut, J.W., Faucheux, C.: The development of contractual norms in a bargaining situation under two types of stress, Journal of Experimental Social Psychology, 1965, 1, S. 89 - 102

Thibaut, J.W., Kelley, H.H.: The social psychology of groups, New York 1959

Tagiuri, N.: Social preference and its perception, in: Person perception and interpersonal behavior, Hrsg. R.Tagiuri, L.Petrullo, Stanford 1958, S.316-336

Thornton, D.A., Arrowood, A.J.: Self-evaluation, self-enhancement, and the locus of social camparison, Journal of Experimental Social Psychology, 1966, Supplement 1, S. 40-48

Triandis, H.C.: Cognitive similarity and communication in a dyad, HR, 1960(a) 13, S. 175 - 183

Triandis, H.C.: Some determinants of interpersonal communication, HR, 1960(b), 13, S. 279 - 287

Udry, I.R.: Personality match and interpersonal perception as predictors of marriage, Journal of Marriage and the Family, 1967, 29, S. 722 - 725

Udry, I.R.: The social context of marriage, New York 1966

Valkonen, T.: Individual and structural effects in ecological research, in: Quantitative ecological analysis in the social sciences, Hrsg. M.Dogan, S.Rokkan, Cambridge, Mass.-London 1969, S. 53 - 68

Vernon, G.M., Stewart, R.L.: Empathy as a process in the dating situation, ASR, 1957, 22, S. 48 - 52

Videbeck, R.: Self-conception and the reactions of others, Sociometry, 1960, 23, S. 351 - 359

Vroom, V.H.: Projection, negation, and the self-concept, HR, 1959, 12, S. 335 - 344

Wallace, D., Rothaus, P.: Communication. group loyality, and trust in the PD game, JCR, 1969, 13, S. 370 - 380

Waller, W.: The dating and rating complex, ASR, 1937, 2, S. 727 - 734

Waller, W.: The Family, A dynamic interpretation, re. ed. New York 1952

Walster, E., Aronson, V., Abrahams, D., Rottmann, L.: Importance of physical attractiveness in dating behavior, JPSP, 1966, 4, S. 508 - 516

Walster, E., Walster, B.: Effects of expecting to be liked on choice of associates, JASP, 1963, 67, S. 402 - 404

Winch, R.F.: The theory of complementary needs in mate-selection: final results on the test of the general hypothesis, ASR, 1955(a), 20, S.552-555

Winch, R.F.: The theory of complementary needs in mate-selection: A test of one kind of complementaryness, ASR, 1955(b), 20, S. 52 - 56

Winch, R.F.: Mate-selection: A study of complementary needs, New York 1958

Winch, R.F., Ktsanes, Th., Ktsanes, V.: The theory of complementary needs: An analytic and descriptive study, ASR, 1954, 19, S. 241 - 249

Winch, R.F., Ktsanes, T., Ktsanes, V.: Empirical elaboration of the theory of complementary needs in mate selection, JASP, 1953, 51, S.508-513

Worthy, M., Gary, A.L., Kahn, G.M.: Self-disclosure as an exchange process, JPSP, 1969, 13, S. 59 - 63

Zajonc, R.B., Burnstein, E.: Structural balance, reciprocity, and positivity as sources of cognitive bias, Journal of personality, 1965(a), 33, S. 570 - 583

Zajonc, R.B., Burnstein, E.: The learning of balanced and unbalanced social structures, Journal of personality, 1965(b), 33, S. 153 - 163

Zander, A., Havelin, A.: Social comparison and interpersonal attraction, HR, 1960, 13, S. 21 - 32

Zipf, G.K.: The P_1P_2/D Hypothesis: on the intercity movement of persons, ASR, 1946, 11, S. 677 - 686